传承中华传统美德教育

——家庭 家教 家风 家训

主　编　王兴中

副主编　周　雄　江国奋　徐锡光

罗德兴　卢小松

北京理工大学出版社

BEIJING INSTITUTE OF TECHNOLOGY PRESS

内容简介

本书旨在弘扬中华民族优秀传统文化，通过精选古今家庭美德故事，深入阐述家庭、家教、家风、家训的深刻内涵与现实意义，围绕“家庭、家教、家风、家训”四大模块系统梳理中华民族千百年来积淀的家庭美德与教育理念，同时，强调家风建设对于社会风气的影响，倡导建立积极向上、和谐文明的家庭风尚。家训作为家族智慧的结晶，也被赋予了新的时代内涵，鼓励家长以身作则，将传统美德融入日常生活中，共同培育有理想、有道德、有文化、有纪律的新时代接班人。

图书在版编目（CIP）数据

传承中华传统美德教育：家庭·家教·家风·家训 / 王兴中主编. -- 北京：北京理工大学出版社，2024.10.
ISBN 978-7-5763-4500-1

Ⅰ. D648

中国国家版本馆CIP数据核字第2024F99K27号

责任编辑：龙　微　　　文案编辑：邓　洁
责任校对：刘亚男　　　责任印制：王美丽

出版发行 / 北京理工大学出版社有限责任公司
社　　址 / 北京市丰台区四合庄路 6 号
邮　　编 / 100070
电　　话 / （010）68914026（教材售后服务热线）
（010）63726648（课件资源服务热线）
网　　址 / http：//www.bitpress.com.cn

版 印 次 / 2024 年 10 月第 1 版第 1 次印刷
印　　刷 / 河北鑫彩博图印刷有限公司
开　　本 / 710 mm × 1000 mm　1/16
印　　张 / 10
字　　数 / 113 千字
定　　价 / 38.00 元

序

中国文化是一种关注现实人生的和平文化，其主要源泉是根植于民族血脉的人道观。这里所指的人道观不是消极的怜悯与宽恕，而是积极的如孔子所倡导的“忠恕”和孟子的“爱敬”。人与人之间，全以诚挚恳切的忠恕与爱敬相待，才是真正的人道。

若再追根溯源，人道观又源于中国人的家族观。人道始于家族，父子、兄弟、夫妇之间忠恕相待、爱敬相与，才能将人道远及外人。因此，家族是中国文化最主要的基石，甚至可以说全部的中国文化都是从家族观衍生而来的，即先有家族观才有人道观，然后才有中国文化。特别重要的是，人道观的核心是家族而不是个人，这无疑从根本上阔大了中国文化的度量和心胸，为中国人开通了修身、齐家、治国、平天下的坦途。

在新的历史起点上，要坚持以习近平新时代中国特色社会主义思想为指导，深入学习贯彻习近平文化思想，自觉坚持“两个结合”，为在新的起点上继续推动文化繁荣、建设文化强国、弘扬中华民族现代文明做出新的贡献。新时代新征程，当我们仰望星空，思考人类文明的深远与广阔时，往往会发现，最温暖人心的光芒，往往来自最亲近的地方——我们的家。

家是每个人生命的起点，也是精神的归宿。在中华文明的浩瀚星河中，家庭不仅是血脉相连的纽带，更是文化传承的基石，承载着千百年来代代相传的美德与智慧。本书便是一次对这份宝贵遗产的深情回顾与现代解读。

家教是中国传统教育的核心，它如同一盏明灯，照亮孩子成长的道路，帮助他们树立正确的人生观和价值观。书中精选的家教案例，既有古代圣贤的教诲，也有当代模范的实践。这些故事告诉我们，无论时代如何变迁，良好的家教始终是孩子成长道路上不可或缺的助力。

家风是一家之魂，它不仅影响着家庭成员的行为习惯，更塑造着他们的精神面貌。书中通过一系列生动的家风故事，展现了不同历史时期、不同地域文化下的家庭，如何在日常生活中践行美德，营造和谐氛围，传递正能量。这些故事如同春风化雨，润物无声，让人们感受到家的温暖与力量。

家训是家族智慧的结晶，它凝聚着先辈们的经验与期许，是后辈前行的指南针。本书中收录的家训，既有古人的智慧名言，也有现代家庭的创新理念，它们跨越时空，为人们提供了宝贵的道德指引和生活哲学，激励着每个家庭成员在各自的岗位上发光发热，为社会贡献自己的力量。

由福建信息职业技术学院王兴中研究员担任主编的编写团队，协同福建卫生职业技术学院、福建理工学校、福建工业学校、福建经济学校等一批学者，经过精心筹备和努力，编写了本书，这是一件很值得鼓励和提倡的事情。这不仅是一本书，也是一座桥梁，连接着过去与未来、传统与现代；还是一面镜子，映照出中华传统美德的光辉，也映照出人们内心深处的渴望与追求；更是一颗种子，播撒在每个学生的心田，期待着在未来的日子里，生根发芽，茁壮成长，开出灿烂的花朵，结出丰硕的果实。

从这本书出发，踏上一场心灵的旅程，去感受家庭的温暖，领悟家教的智慧，弘扬家风的美好，传承家训的力量。在新时代的浪潮中携手并进，共同书写属于我们这代人的家国情怀，让中华传统美德在世界舞台上绽放更加耀眼的光芒。

玉在山而草木润，渊生珠而崖不枯。翻开这本书，就如同打开了一扇通往历史深处的门，让人们得以窥见中华文明的深厚底蕴。从古至今，无数家庭的故事如同繁星点点，照亮了中华民族前行的道路。这些故事有的是关于孝顺父母，有的是关于兄友弟恭，有的是关于勤俭持家，还有的是关于诚信立身……它们不仅是文字的记载，更是价值观的传递、情感的共鸣、精神的指引。

愿本书成为你我心灵的灯塔，照亮前行的道路，引领我们在传承与创新中，不断追求更高的道德境界，为中华民族伟大复兴贡献一份力量。

中国高教学会职教分会理事长

周建松

2024 年 6 月

前言

习近平总书记在党的二十大报告中指出："提高全社会文明程度。实施公民道德建设工程，弘扬中华传统美德，加强家庭家教家风建设，加强和改进未成年人思想道德建设，推动明大德、守公德、严私德，提高人民道德水平和文明素养。"家和万事兴。中华民族历来重视家庭，正所谓"天下之本在国，国之本在家"。在这个快速变化的时代，家教、家风、家训作为中华优秀传统文化的重要组成部分，不仅承载着家庭教育的重任，更是塑造一代新人品格、培育社会风尚的基石。

本书在编写过程中，从文化底蕴出发，力求做到内容新颖、通俗易懂、简单易学、图文并茂。为学思践悟习近平总书记关于家庭家教家风的重要论述，本书既考虑了读本的深度，又兼顾读本的广度，以满足不同读者的需求。书中精选了丰富的案例，通过生动的故事和真实的场景，使读者能够直观地感受到家教、家风、家训的力量，理解其在实际生活中的重要作用。

本书从家、家庭、家教、家风、家训、践行六个专题系统地阐述其内涵、价值和实践方法，塑造新时代青年品格，通过传承和弘扬中华传统美德，加强家庭、家教、家风建设，存正心，守正道，养正气，弘扬社会主义核心价值观，培养有理想、敢担当、能吃苦、肯奋斗的新时代好青年。

本书主要具有以下特点：

1. 坚定文化自信。本书深入挖掘和阐述了中华优秀传统文化的精髓，引导学生理解、认同中华文化的独特魅力和深刻内涵。通过讲述中华文化的辉煌历史和现实成就，激发学生的文化自豪感和自信心，鼓励学生为传承和弘扬中华文化贡献自己的力量。

2. 注重素养引领。本书紧密结合社会主义核心价值观，传扬中国共产党人的精神谱系，通过具体案例和故事，引导学生理解和践行社会主义核心价值观，争做堪当民族复兴重任的时代新人。本书注重文化传承性，将福建船政文化、侯官文化、海丝文化、朱子文化、华侨文化、客家文化等简要概述，并从中提取出代表性文化案例，有助于传统文化的推广宣传。

3. 增强阅读体验。通过二维码载入师生代表诵读中国共产党人精神谱系等典型的案例，有助于丰富学生的学习体验，提升学习效果，从不同角度、不同层面深化学生对中华优秀传统文化的理解，激发读者的阅读兴趣。

编者团队长期从事职业教育研究，在实践中积累了丰富的教育管理经验，并在具体交流探讨过程中，通过一些存在违纪与事故的学生个案分析，指出家教不严或缺失、家庭不和或不睦、家风不正或不好等是影响孩子成长的重要因素。编写《传承中华传统美德教育——家庭 家教 家风 家训》一书，旨在传承和弘扬中华优秀传统文化，引导学生健康成长、建设和美家庭，报效祖国。本书具体编写分工：专题一由福建信息职业技术学院卢小松编写；专题二由福建理工学校江国奋编写；专题三由福建工业学校徐锡光编写；专题四由福建经济学校罗德兴编写；专题五由福建卫生职业技术学院周雄编写；专题六由福建信息职业技术学院王兴中编写。全文由王兴中审定。

在本书的编写过程中参阅了大量文献和参考资料，在此向原作者致以衷心的感谢！

由于编写时间仓促，编者的经验和水平有限，书中难免存在不妥之处，恳请广大读者批评指正。

编　者

目　录

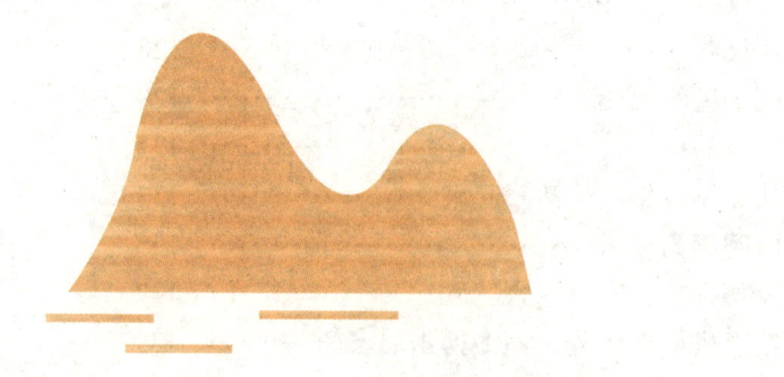

专题一

家——安身立命

中国人自古以来就具有家国情怀，国是第一位的，没有国就没有家，没有国家的统一强盛就没有家庭的美满和个人的幸福。中国人民捍卫国家统一和领土完整，维护民族利益和国家尊严的信念高度一致，决心坚如磐石。中国今天所走的中国特色社会主义道路，是与五千年中华文明分不开的，也是中国人民历经艰难困苦奋斗摸索出来的，是马克思主义基本原理同中国实际与当今时代特征相结合的产物，它是历史的必然，人民的选择。

——习近平同希腊总统帕夫洛普洛斯举行会谈时的讲话

专题导入

天下之本在国，国之本在家。家，是社会的基本细胞，是人生的第一所学校，它宛如一座永不熄灭的灯塔，在岁月长河中指引方向。星移斗转，沧海桑田，家始终在那里，是永远的避风港，成为心灵深处最柔软、最坚实的依靠，更激励一代又一代人勇敢迈向未知、无畏追逐梦想。

一、“家”字起源

中国的汉字源远流长，在商代甲骨文中，“家”字上面是“宀”，下面是“豕”。“宀”是山洞的象形，引申为洞穴和房屋，表示与家室有关；“豕”是猪，远古时代生产力低下，人们过着游猎的生活，他们把抓来的猪绑在山洞里，同居一洞，后来将其驯化，并定居下来，结束游猎的生活。人们多在屋子里养猪，于是，屋子里有猪就成了“家”的标志。

从甲骨文演变到小篆，再到金文（图 1-1 ～图 1-3），直到现代简化的汉字，“家”字都是“有住处且养得起猪”。“家”中的“豕”大多是画出猪的轮廓，也有只画出猪的线条。

图 1-1　甲骨文“家”字

图 1-2　小篆“家”字

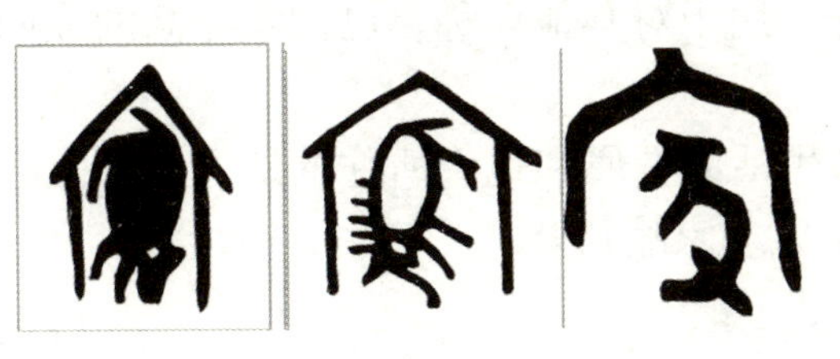

图 1-3　金文“家”字

河姆渡博物馆复原的干栏式建筑（图 1–4），房屋下面可以养猪。

图 1–4 河姆渡博物馆复原的干栏式建筑

在现代汉语中，“家”除可以表示住处外，还有以下丰富的释义：

（1）家庭所在的地方，如回家、老家、家乡；

（2）借指部队或机关中某个成员工作的处所；

（3）经营某种行业的人家或具有某种身份的人，如农家；

（4）掌握某种专门学识或有丰富实践经验及从事某种专门活动的人，如科学家、作家、画家；

（5）学术流派，如儒家、墨家、法家；

（6）相对各方中的一方，如上家、下家、公家；

（7）谦辞，用于对其他人称自己的辈分高的或同辈年纪大的亲属；

（8）共同生活的眷属和他们所住的地方，如家庭、家长、家属、家园、家风、家喻户晓；

（9）居住；

（10）对人称自己的尊长、亲属，如家祖、家父；

（11）家里养的，与野生相对，如家畜、家禽；
（12）量词，用于计算家庭或企业，如一家、人家；
（13）姓氏；
（14）词尾，指一类的人，如老人家；
（15）用在男人的名字或排行后面，指他的妻子；
（16）私家的、个人的，与“公”相对；
（17）内部的、家中的，与“外”相对，如家贼；
（18）娶妻，成家；
（19）安家，定居；
（20）养家，持家。

二、家的作用

家不仅是一个人或一群人居住的地方，也是情感、文化和精神的寄托。家是我们的生命之所，我们生于斯、长于斯、归于斯；家是我们的生活之所，我们食于斯、饮于斯、歇于斯；家是我们的精神之所，我们喜于斯、怒于斯、哀于斯。

1. 生命之所

家是一个人生命中最重要的支撑和依靠，家为每位家庭成员提供物质资源和温暖的环境。家是一个人获得生命并能够健康成长的保障。

2. 生活之所

家是一个人身体、情感、精神的栖息地，是可以真实展现自我的地方。一个人在家中能够获得爱、关怀、支持和安全感，是生活需要的基本元素。一个充满爱、安全和包容的家，能够为人们提供心灵上的舒适和满足，让人们感受到真正的幸福和温馨。

3. 精神之所

家是情感的港湾、灵魂的栖息地和精神的乐园，是家庭成员情感交流的地方。在家庭中，成员之间互相支持、安慰和鼓励，共同经历生活的起伏和变化。在家中，人们可以放下所有的防备和伪装，真实地面对自己，感受来自内心深处的宁静和力量。

通过建设幸福的家庭，可以营造更加和谐的社会环境。一个幸福的家庭可以给家庭成员带来积极的影响，让他们更容易自我调节、减轻压力，享受生活乐趣，促进身心健康，这也是社会构建和谐、稳定的基石。

三、家与个人成长

个人成长是一个持续不断的过程，涵盖知识积累与学习、技能培养与提高、价值观与信仰塑造等方面。一个不断成长的个人可以更好地适应变化的环境，提高自己的竞争力，实现更高的个人价值。

家，作为一个人成长的摇篮和起点，会通过文化传承、情感链接、榜样影响等，塑造家庭成员的价值观、性格和社会适应能力。家人的行为和态度会成为家庭成员建立自我认知和价值观的重要参照，尤其是家中的榜样，对家庭成员的影响显著。

1. 个人价值观的形成

家是文化传承的重要渠道。家庭的价值观和传统会在日常生活中不知不觉地影响个人的认知与行为模式，对个人价值观的形成有重要的影响。家庭成员要学会反思、理解和独立思考，建立良好的沟通氛围，营造温馨、和睦的家庭环境。

（1）认识到家庭对个人的影响是第一步。通过自我反思和审视，认识到哪些价值观是从家庭传承而来的，哪些是自己真正认同的。

（2）积极开阔视野，接触不同的文化、观点和人群，扩大自己的认知范围，从而更好地理解世界和形成独立的价值观。

（3）学会独立思考，不盲从他人的意见，根据自己的判断和价值观做出决策，保持内心的独立和坚定。

（4）与家庭成员进行沟通和交流，尊重彼此的观点和差异，理解家庭成员的立场，同时，坚守自己的原则和价值观。

2. 个人性格的发展

家人的爱与支持可以改进个人的情感表达方式和提升处理情绪的能力，家人的行为和态度会成为个人塑造自我认知与性格特征的重要参照，家庭的价值观和信仰会影响个人的人格特征与道德观念，塑造其行为准则和社会责任感。

家庭成员要通过自我认知等方法更好地应对家庭对个人性格发展的影响，形成积极健康的人格特质，保持自信，勇敢面对自己的性格特点，不断提升自我，塑造积极向上的性格特质，实现自我成长和完善。

（1）通过自我反思和心理探索，了解自己的性格特点和行为模式，认识到哪些是家庭塑造的，哪些是自己真正的本性。

（2）接纳自己的性格特点和行为倾向，不断努力提升自我，同时，也要学会包容和接纳自己的缺点与不足。

（3）在家庭环境中保持平衡，既要尊重家庭的传统和文化，也要保持个人独立思考和发展，找到自己与家庭的平衡点。

（4）如果家庭环境对个人性格发展造成负面影响，可以寻求外部支持（如心理咨询师或朋友），进行情感宣泄和心理调适。

（5）通过学习、社交和体验，不断完善自己的性格特点，拓展自己的认知边界，实现个人性格的全面发展。

3. 社会适应能力

家是个人最早接触社会的场所，家人的行为模式、家庭规则、沟通方式会对个人的社会适应能力产生深远影响。家人的亲情、关爱和支持会塑造家庭成员的情感世界，帮助家庭成员在以下几个方面提高社会适应能力。

（1）建立良好沟通氛围。在家庭中建立良好的沟通氛围，倾听家庭成员的想法和感受，学会表达自己的需求和情绪，培养积极的沟通技巧。

（2）学习人际关系技巧。在家庭和社交环境中学习人际关系技巧，包括倾听、尊重、合作和解决冲突的能力，培养良好的人际关系。

（3）接纳差异。在家庭中学会接纳家庭成员的差异和多样性，尊重不同的观点和文化，培养包容和理解的态度。

（4）参与社会活动。积极参与社会活动，扩大社交圈子，结交新朋友，增加社会适应的机会，提升社会适应能力。

家是一个社会最基本的单位，也是一个人成长和发展的根基。家对个人成长的影响是非常重要的。家庭的教育方式、价值观念、对个人的关爱和支持，以及家庭的教育资源都会对个人的成长产生深远的影响。因此，人们应重视家庭环境对个人的影响，并积极创造良好的家庭环境，以促进个人全面发展。

四、家国

家是最小国，国是千万家，家不只有家庭的意思，也有国家的意思。家庭与国家是密不可分的整体。

家国情怀是个人对国家的道德情感，把在家尽孝的情感转化为为国尽忠。在家尽孝、为国尽忠是家国情怀的核心内涵。在家尽孝是基础，孝养父母，要“养父母之身”，照顾父母的饮食起居，衣食住行；要“养父母之心”，严私德，守公德，处理好家庭关系和个人交往中的各种伦理关系；要“养父母之志”，服务社会，为国家做贡献；还要“养父母之慧”，在父母有过错时要委婉劝谏。将对父母的孝顺和对子孙的慈爱扩展到其他人，将爱家与爱国统一起来，不仅要实现个人梦和家庭梦，而且要实现国家梦和民族梦。

孟母三迁

孟子是战国时期儒家思想的代表人物之一，是中国古代伟大的思想家、政治家、哲学家和教育家。

孟子幼年丧父，与母亲相依为命。孟子非常聪明，看见什么就学什么，而且模仿本领特别强。

起初，母亲带着孟子住在墓地旁。孟子经常和邻居家的小孩一起学着大人的样子，玩办理丧事的游戏。孟子的妈妈看到了，就说：“不行！我不能让我的孩子住在这里了！”

孟子的妈妈就带着孟子搬到市集，靠近杀猪宰羊的地方去住。到了市集，孟子又和邻居家的小孩一起学起商人做生意和屠宰猪羊的事情。孟子的妈妈知道了，又说：“这个地方也不适合我的孩子居住！”

于是，他们又搬家了。这一次，他们搬到了学堂附近。于是，每天早晨，孟子都跑到学堂外面，摇头晃脑地跟着学生们一起读书，并且变得守秩序、懂礼貌。孟子的妈妈很满意地说：“这才是我儿子应该住的地方呀！”于是居住在这个地方了。

孟母三次搬家，为孟子创造了一个良好的成长氛围。孟子学成后周游列国，游说诸侯，晚年回到家乡鲁国邹（今山东邹城），传道授业，著书立说，其地位仅次于孔子，对儒家学说的发展产生了深远的影响。

读后感：

____

____

____

客家文化

“中原有旧族，迁徙名客人，过江入八闽，辗转来海滨。”客家人的历史，就是一部人类迁徙的历史。每当中原大乱时，客家先民就扶老携幼，翻山越岭，一路向南迁徙。

第一次迁徙发生在西晋，持续了170多年，迁移人口达到一两百万；第二次迁徙发生在唐朝，历时90余年；第三次迁徙发生在北宋，此次移民入籍者编入“客籍”，“客籍人”自称为“客家人”；第四次迁徙发生在明末清初，大量客家人入川；第五次迁徙发生在清朝末年，客家人迁往海南、广西，甚至漂洋过海去谋生。

客家人遍布世界五大洲的80多个国家和地区，主要生活在我国江西、广东、福建及广西、湖南、四川、贵州、海南和台湾等地方，其中以江西南部、广东东北部和福建西部为主，在国外的印度尼西亚、马来西亚、泰国、越南、菲律宾等很多国家也有分布。国内外客家人约有1亿人。

客家人有自己的客家方言，也有共同的风俗习惯、共同的生活方式和价值观念，因经历数次大迁徙，客家先民养成了崇尚忠义、坚忍卓绝、爱国爱乡、团结奋进等特性。他们具有较高的文化素养，敬祖先、敦亲族、讲礼节、重伦理、好学问、尚教育、隆师道。客家先民来自中原，多是书香门第，有较高的文化素养。他们重视教育、发展教育，父教子习、兄弟相长、耕读传家、崇文重教的风尚，与南来的中原士族带来的文化传统一脉相承。

在历史上，许多大名鼎鼎的人物都是客家人，如唐朝贤相张九龄、宋朝理学家朱熹、抗元英雄文天祥、革命家孙中山、朱德总司令、叶剑英元帅、叶挺将军、杨成武将军、萧华将军、史学大家陈寅恪等。

读后感：

____

____

钱学森的家国情怀

——我的事业在中国，我的成就在中国，我的归宿在中国

钱学森是中国科学院院士、中国工程院资深院士，著名的航天科学家。

1911 年，钱学森出生于上海，父亲钱均夫曾赴日留学，母亲章兰娟是杭州富商的女儿。

1935 年，钱学森赴美留学，父亲嘱咐他："人，生当有品：如哲、如仁、如义、如智、如忠、如悌、如教！吾儿此次西行，非其夙志，当青春然而归，灿烂然而返。"寥寥数语，让钱学森铭记一生。

在美国数年，钱学森陆续取得了多项科研成果，发表了多篇高水平的研究论文，获得了学术荣誉称号，成为美国乃至全世界顶尖的空气动力学专家，工作环境和物质待遇都很优越。

母亲多次写信勉励钱学森努力学习，好早日回国，钱学森始终记得母亲的教诲，1948 年准备回国效力。

美国得知钱学森要回国的消息后，多次阻挠。钱学森报效祖国的决心非常坚定，历经千辛万苦，终于回到祖国，投身于"两弹一星"的研究工作，在极端艰苦的条件下，相继成功爆炸了我国的第一颗原子弹和第一颗氢弹，发射了我国第一颗人造卫星，为祖国的航天事业立下了不朽的功勋。

读后感：

____

____

____

____

兴学一方的陈嘉庚

——诚以救国既乏术，亦只有兴学之一方

陈嘉庚先生出生于1874年，祖籍福建省同安县集美村，17岁时南渡到新加坡。在父亲陈杞柏经营的米店学习经商。

31岁的时候家道中落，重振家业的担子就落在陈嘉庚的肩上。他筹足资本，开始创设黄梨厂，开拓橡胶种植业，发展橡胶工业和海运业。在52岁时，他拥有1 200万元资产，所雇员工超过1万人，业务遍布40多个国家和地区，成为东南亚社会的工商业先驱。

陈嘉庚先生兴学、办报、救灾，热心公益事业，创办了《南洋商报》《南侨日报》。在新加坡，他先后创办了道南、爱同、崇福、崇本等小学，华侨中学、南洋师范及南侨女中；在中国，他先后在集美创办了多所学校和学院，他在1921年创办成立的厦门大学，成为国内著名的高等学府。

陈嘉庚先生早年参加同盟会，支持孙中山，拥护辛亥革命。抗日战争爆发后，陈嘉庚先生四方奔走，团结广大南洋华侨，筹赈救亡，到处募捐，支援抗战。他忠诚为社会服务，维护华侨正当权益，获得了南洋各地爱国华人华侨的信任、支持和拥护。

读后感：

____

____

____

____

大爱托举“国”与“家”

边防战士邱宏涛是扎根唐古拉泵站的士官长，他坚守和奋斗在海拔4 860米的高原上，这里氧气稀薄，没有春暖花开。

在老班长妻子的牵线下，邱宏涛认识了江南女孩儿丁赟。在鸿雁传情8年、互通3 532封信后，丁赟走上了唐古拉山。她发现唐古拉根本没有邱宏涛信中的那样美好，战士们的脸是黑红黑红的，唇是乌紫乌紫的，她还曾因为高原反应头疼、胸闷、呕吐。

邱宏涛忙前忙后地照顾丁赟，不知道该说些什么。战友们把用维生素营养液培育出的月季花放在丁赟床头，把舍不得吃的冻僵了的小西红柿、皱巴巴的蔫苹果塞在丁赟手里。

丁赟独自从格尔木乘坐火车回到了湖州，辞掉了中石油湖州分公司的会计工作，准备和邱宏涛结婚。家人、朋友和同事都不能理解她的决定，强烈反对，她没有动摇。

2006年，邱宏涛和丁赟在格尔木登记结婚。丁赟乘火车、换汽车、坐小三轮，辗转了两天两夜，来到邱宏涛的老家，当起了“山里媳妇”。上山打柴、割草，手上经常刺出血口子；做饭，不会用柴火灶，生不着火，还被烟熏得满脸是泪。

丁赟无数次想把自己的委屈和思念向邱宏涛诉说，但每次又总是以快乐的语气向丈夫报着平安。

丁赟逐渐适应了大山里的生活，怀孕时的贫血和休克，丈夫的家庭变故，公婆的疾病，各种困难和挑战，她都一一面对，毫不畏惧。在丁赟的支持下，邱宏涛在军旅生涯中获得了无数荣誉和奖项，展现出了出色的军人品质和领导才能。而丁赟自己也因为她的坚强和奉献，获得了中国青年五四奖章，成为社会的榜样和典范。

读后感：

____

____

____

____

家是最小国，国是千万家。
国安，家才稳，民才安定。

专题二
家庭——和睦相处

随着我国改革开放不断深入，随着我国经济社会发展不断推进，随着我国人民生活水平不断提高，城乡家庭的结构和生活方式发生了新变化。但是，无论时代如何变化，无论经济社会如何发展，对一个社会来说，家庭的生活依托都不可替代，家庭的社会功能都不可替代，家庭的文明作用都不可替代。无论过去、现在还是将来，绝大多数人都生活在家庭之中。我们要重视家庭文明建设，努力使千千万万个家庭成为国家发展、民族进步、社会和谐的重要基点，成为人们梦想启航的地方。

——习近平《论党的宣传思想工作》，中央文献出版社 2020 年版，第 281 页

专题导入

家庭是人类社会中不可替代的社会基本单位。家庭对于个人成长、社会和谐、国家繁荣起着重要的作用。家庭作为传承家族文化、维系亲情、培养社会公民的重要场所，家长要切实履行家庭教育的责任，为社会传递正确的价值观，让我们的国家更加和谐、繁荣、美好。

一、家庭的概念

家庭是由婚姻关系、血缘关系或收养关系结合成的亲属生活组织。家庭的概念包含以下内容：

（1）家庭是建立在婚姻关系基础之上的，并且基于这一关系发展起来的思想、文化、心理、情感、人伦关系。

（2）家庭是以血缘为基础、具有情感纽带的社会单元，以共同的住处、经济合作和繁衍后代为特征。

（3）家庭是用夫妻关系与子女关系构成的最小的社会生活共同体。

二、家庭对社会的影响

家庭是社会的细胞。家庭和睦则社会安定，家庭幸福则社会祥和，家庭文明则社会文明。

1. 家庭和睦对社会的影响

家庭以爱为基石，和睦的家庭是温暖的港湾，是孩子成长的乐园，有助于培养孩子担当、体贴的良好品格，能够更加自信和理性地应对社会中的各种挑战。和睦的家庭通常关系融洽，积极向上，充满正能量。如果每个家庭都能和睦相处，社会矛盾必将减少。

家庭和睦有助于社会的安定，习近平总书记指出："千家万户都好，国家才能好，民族才能好。"研究显示，70% 以上的青少年犯罪与家庭不和有关。在法治社会中，和睦的家庭不仅体现在夫妻之间的和睦、家人之间的友爱，还体现在子女的健康成长和全体成员的守法自律。

每个人努力维护家庭和睦，促进家庭成员之间的和谐相处，社会必定更加稳定繁荣。

2. 家庭幸福对社会的影响

家庭的幸福与社会的祥和息息相关。家是我们性格的塑造者，我们的习惯、性格和品德在家里得以形成和奠基。家庭是一所培养社会道德规范的终身学校，一个家庭的风气良好与否直接影响着家庭成员的品德和道德水平，进而影响整个社会的道德水准。

习近平总书记指出："家风是社会风气的重要组成部分。家庭不只是人们身体的住处，更是人们心灵的归宿。家风好，就能家道兴盛、和顺美满；家风差，难免殃及子孙、贻害社会。"一个幸福的家庭往往有和谐融洽的家风。好的家风如雨润万物，能促进家庭内部的和谐，提升家庭成员的幸福感，也更有助于社会整体的和谐与稳定。

3. 家庭文明对社会的影响

家庭的文明程度直接关系到社会的文明水平。中国自古以来就非常重视家庭文明的建设，通过家训、家规等方式来教导后代，悄无声息地传承社会规范。在中国，运用家训来教导家人已有 3 000 多年的历史，古代中国留下来的家训数量繁多，内容丰富。从先秦时期到现在，兴家之训、和家之规代代相传，成为引领中国社会向善向上的重要力量。

细数历史，周公旦的《诫伯禽书》、司马谈的《命子迁》、诸葛亮的《诫子书》、颜之推的《颜氏家训》、李世民的《诫皇属》、包拯的《包拯家训》、欧阳修的《诲学说》、袁采的《袁氏示范》、朱柏庐的《朱子家训》、李毓秀的《弟子规》……优秀的家训不胜枚举，其中传达着尊老爱幼、夫妻和睦、勤俭持家、邻里团结、忠诚爱国、责任担当的理念，对于现代家庭文明建设仍具有重要的启示意义。

习近平总书记在会见第一届全国文明家庭代表时指出："家庭是人生的第一个课堂，父母是孩子的第一任老师。""广大家庭都要重言传、重身教，教知识、育品德，帮助孩子扣好人生的第一粒扣子，迈好人生的第一个台阶。”在家庭中，我们应该培养和践行社会主义核心价值观，引导家庭成员爱国、爱党、爱人民，积极传承中华民族传统美德，在建设家庭文明的过程中提升精神境界，培养文明风尚，从而促进社会的文明进步。

三、家庭关系

家庭和睦、幸福、文明的基础是家庭成员处理好家庭关系。家庭关系是基于婚姻、血缘或法律拟制而形成，家庭成员之间的人际关系包括姻亲、血亲与收养关系，表现为不同家庭成员之间的不同联系方式和互助方式，是联结家庭成员之间的纽带。

1. 三亲与九族

夫妻关系、亲子关系、兄弟姐妹关系是家庭关系的核心。直系家庭包括婆媳（翁婿）关系、祖孙关系，这些基础的家庭关系就是三亲。

九族即亲人，这些人承担着共同的情感，相亲相爱，互相扶持。根据亲疏，由父到母再到妻子逐渐推展，父亲一方有四族，母亲一方有三族，妻子一方有两族（图 2–1）。

2. 如何处理家庭关系

家庭关系的处理要基于家庭伦理，近现代儒学大师梁漱溟说：“关系，皆是伦理；伦理始于家庭，而不止于家庭。”杨绛寄给钱锺书的信中曾写道：“现在吾两人快乐无用，须两家父亲兄弟皆大欢喜，吾两人之快乐乃彻始终不受障碍。”得到钱父的赞赏。钱锺书评价杨绛是“最才的女，最贤的妻”。

家庭是我们成长的根基和支柱，处理家庭关系是非常重要的。

				直系				
			女族	高祖父母	男族			
			曾祖姑	曾祖父母	曾伯叔祖父母			
		曾祖姑	祖姑	祖父母	伯叔祖父母	族伯叔祖父母		
	族姑	堂姑	姑	父母	伯叔父母	堂伯叔父母	族伯叔父母	
族姊妹	再从姊妹	堂姊妹	姊妹	己身	兄弟	堂兄弟	再从兄弟	族兄弟
	堂侄孙女	堂侄女	侄女	子	侄	堂侄	再从侄	
		堂侄孙女	侄孙女	孙	侄孙	曾孙女		
			曾侄孙女	曾孙	曾侄孙			
				玄孙				

图 2-1　九族示意

（1）保持沟通。与家人保持良好的沟通是处理家庭关系的关键。定期与家人沟通、分享自己的生活、学业和情感体验，增进彼此的了解和信任。

（2）尊重和理解。尊重家人的观点和感受，理解他们的立场和处境。尊重家庭成员的个性差异，包容彼此的缺点，建立和谐关系。

（3）独立和负责。要学会独立思考和处理问题，承担起自己的责任。在家庭关系中，展现出成熟和负责任的态度，让家人放心并信任自己。

（4）分享喜悦和忧虑。家庭是可以分享喜悦和忧虑的地方。无论是成功的喜悦还是困难的挑战，都可以与家人分享，获得支持和鼓励。

（5）尊重家庭规则。尊重家庭的规章制度和家长的规定，遵守家庭规则，与家人和睦相处。在尊重的基础上，也可以适当沟通和提出建议。

（6）定期回家。尽量安排时间回家探望家人，与他们共度时光，让家人感受到关心和爱，加深亲情联系。

（7）学会妥协和包容。家庭成员之间难免会有分歧和矛盾，学会妥协和包容是处理家庭关系的重要技巧。学会化解矛盾，维持家庭和睦。

四、家族

家族是由血缘关系或婚姻关系联系在一起的群体，通常由多代人组成，是社会的基本组成单元，承载着丰富的文化传统和价值观念，是人类社会最古老的组织形式之一。

家族在许多文化中被视为重要的社会单位，代代相传着家族的血脉、传统和价值观，承载着文化传承、情感支持、经济活动等多重功能。在五千年的历史长河中，中华民族经历了无数战乱与迁徙，由姓氏所一脉相传的血统渊源在战乱和迁徙中世代相传，形成了家族。经过几千年的历史演进，家族制度一直在变化，与国家的发展一直保持着紧密的关联。

封建统治结束后，家族制度瓦解，聚族而居的家族逐渐解体，家族文化逐渐衰落，家族观念逐渐淡化，家族关系逐渐疏远。一些家族顺应时代变化，如绵延了四百余年的锡山秦氏家族，在清朝末年积极由科举为业向实干立家、投身革命转变，培养了留洋归国的实业家和革命家；坚持读书传家的海宁查氏家族，培养出了现代著名诗人穆旦和著名作家金庸。

五、福建特色文化传承

在福建地区，家族文化得到了很好的传承，经过历史的积淀，形成了船政文化、侯官文化、朱子文化、海丝文化、华侨文化、客家文化等具有福建特色的文化传承。

1. 船政文化

船政文化源于福州马尾，展现了近代中国先进科技、高等教育、工业制造、西方经典文化翻译传播等丰硕的成果，孕育了许多仁人志士及先进思想，折射出中华民族特有的励志进取、虚心好学、博采众长、勇于创新、精忠报国的传统文化精神（图 2–2）。

图 2–2　船政文化

在西方列强侵华的历史背景下，为了富国强兵，闽浙总督左宗棠在福州马尾创立了福建船政。建船厂，造兵舰、飞机，办学堂，引进人才，派学童留洋，建造了当时亚洲最大的铁甲舰，开设船政学堂，为中国培养了第一批海军军官和技术人才，成为近代中国培养科技队伍的基地、中国近代海军和航空业的摇篮，是中国近代先进文化的重要组成。

福建船政不仅为后人留下了许多宝贵的物质财富，而且有许多精神值得发扬光大。船政人崇尚科学、追求卓越、坚韧不拔、爱国忘我、开放创新、身先士卒，具有艰苦创业、开拓创新的民族自强精神。

福建船政文化体现了中国近代史上仁人志士对国家富强和民族独立的追求，也是近代中国先进文化的一个重要组成部分，代表了中国在面临外来挑战时，主动学习和借鉴西方文明，以求自身发展的努力，成为爱国主义教育的重要内容。

2. 侯官文化

侯官文化是福建省福州市区域文化的重要组成部分，它源自历史上的侯官县，现今的福州市区及周边地区。侯官县是福州的旧称，其文化历史可追溯至汉朝，经过千百年的积淀，形成了独特的地域特色文化。图 2-3 所示的闽侯镇国宝塔是侯官文化的重要体现。

图 2-3　闽侯镇国宝塔

广义的侯官文化是指自古以来生活在侯官“地区”的各族人民，在历史发展的进程中培育形成的以闽越文化为基础、中原文化为核心，融合海洋文化，拥有山海特征且独具地域特色的文化精神；狭义的侯官文化是指以林则徐、严复为代表的福建学人，立足中国传统文化，自觉学习西方先进文化，在探寻救国真理、实现民族自强、追寻民族复兴过程中形成的精神力量，是福建地域文化中特有的一面旗帜。侯官文化植根于福建，既保留了传统文化的精神特质，又蕴含着爱国主义、科学精神、严谨治学、创新创造、实干担当的文化内涵，是中华传统文化的重要组成部分。

3. 朱子文化

朱子文化以南宋著名理学家朱熹（1130—1200）的思想和学说为核心，是中国传统文化的重要组成部分，对后世产生了深远的影响。

朱熹是南宋时期的思想家、哲学家、教育家，被后人尊称为“朱子”。朱子文化的核心理念是格物穷理、致知力行、忠孝廉节、继往开来。格物穷理是世界观和方法论，致知力行是人生观，忠孝廉节是道德观。

福建是朱子文化的重要发源地，朱熹在武夷山的五夫镇居住和讲学多年，这里有许多与朱熹相关的文化遗迹，如朱熹纪念馆（武夷精舍），如图 2–4 所示。

图 2–4　朱熹雕塑

4. 海丝文化

海上丝绸之路（也称海丝）是一条古代海上的贸易之路，连接了东亚、东南亚、南亚、中东乃至非洲和地中海地区。

福建是海上丝绸之路的重要起点，也是重要发祥地。宋元时期，泉州刺桐港是“东方第一大港”，通过福船往来运输茶叶、瓷器、香料等货物；明朝前期，郑和从福州长乐太平港远航下西洋；漳州月港是明朝中后期海上丝绸之路的始发港。八闽大地丰富的物产、璀璨的人文，经由海上丝绸之路辐射世界。

福建也因此拥有丰富的海丝历史遗存和海丝文化内涵，泉州保存着众多海丝文化的遗迹，有着 1 300 多年历史的泉州西街上有古色古香的木楼群、典雅别致的红砖大厝、中西合璧的近代洋楼（图 2–5）；洛阳桥、安平桥等古桥在古代海外交通贸易中方便了大宗外贸物质的集结与配送。不同信仰、不同民族的文化在泉州和平相处，形成了兼容并蓄的多元文化。

海上丝绸之路承载着“和平合作、开放包容、互学互鉴、互利共赢”的精神，与敢闯敢试、爱拼才会赢、创新求变的福建精神，融合成了独特的福建丝路精神。

泉州的非物质文化遗产也极为丰富，包括南音、梨园戏、高甲戏、提线木偶戏等，这些艺术形式深受海丝文化的影响，展现了泉州独特的艺术魅力。

图 2-5　泉州中山路的骑楼

5. 华侨文化

华侨文化是由以儒家学说为主的中国传统文化和以现代文明为主的理性主义文化精神构成的，中华文化是华侨文化的根源。

福建由于地理、经济、政治等多种因素，在近代人口大规模向海外迁徙，在迁徙的过程中将中华文化传播到海外，在侨居地形成以中国为认同取向、以儒家思想为价值体系核心，兼容吸收异域文化的华侨文化，集中体现在敢为人先、爱国爱乡、团结奉献、追求民主富强的文化特质，形成了“爱拼才会赢”的福建精神。

在海外，福建华侨不仅保留了语言（如闽南语）、饮食（如闽菜)、节庆（如春节、中秋）等传统文化，还吸收了当地文化，创造出具有华侨特色的文化形式。

为了保护和传承华侨文化，当地设立了福建华侨主题馆和厦门华侨博物院（图 2-6），举办华侨美食风情文化节等活动，拍摄以华侨文化为主题的电影、纪录片和文学作品，如《诗巫风云》，通过讲述华侨领袖黄乃裳的故事，展现了华侨的奋斗精神和对家乡的情感。

图 2-6　厦门华侨博物院

6. 客家文化

客家文化是指客家人共同创造的物质文化与精神文化的综合，是客家人聚集地长期形成的独特风格的文化。

客家文化源自中原汉人南迁时保留下来的唐宋时期的华夏文化和中原文化，诗礼传家，有古汉文化活化石之誉。

客家文化的构成要素包括客家的方言、民俗、民居、戏剧、谚语、童谣、民歌、人物、山水、诗文、历史、饮食、家规家训、名人事迹等。

客家语是中国七大方言之一，具有古汉语的特点，是客家人身份认同的重要标志。客家民居以围龙屋最为典型，其建筑特色体现了客家人聚族而居的传统和对防御性的需求。客家饮食文化丰富多样，具有独特的风味，如盐焗鸡、酿豆腐等。客家风俗保留了许多中原文化的特点，如祭祖、舞龙等，同时，也有其独特的地方特色。客家人以勤劳、节俭、团结、进取著称，形成了独特的客家精神。

福建省的龙岩市、三明市等地区是客家文化的重要聚集地，其中，龙岩被称为“客家首府”，三明被誉为“客家祖地”。图 2–7 所示的振成楼坐落于福建省龙岩市永定区，是该地区的标志性建筑之一。

图 2–7　永定振成楼

客家文化不仅在我国有着广泛的影响，而且在海外华人社区中占有重要的地位，是连接海内外华人的重要文化纽带。福建客家文化是中华文化宝库中的瑰宝，具有重要的历史价值和文化意义，值得人们深入研究和传承。

闽人知学

北宋中叶，福建人频频荣登进士榜，在两宋时期交出了一份辉煌的答卷。据不完全统计，仅在两宋时期，福建籍进士人数就高达 7 144 人，占全国总进士人数的 25% 左右。

从唐代到北宋仅仅数百年时间，福建人从“不知学”到科举事业的巅峰，主要受大环境因素、小环境因素、宗族因素的影响，其中宗族因素起着至关重要的作用。

一个宗族士绅、学子人数的多寡决定了该宗族在社会上的地位，因此，福建宗族普遍重视族人的文化教育。一个学子从入学到考取功名，需要大量的开支，宗族强大的经济实力是学子延续求学之路的保障。

宋代理学兴起后，福建的宗族制度设立了学田、义学、试馆，为宗族内学子博取功名铺出一条道路。

学田也称为书灯田，是一个宗族族产的一部分，其收入主要用来兴办私塾，资助族内子弟的学费及应举赴考的费用等。

义学是宗族所办的族学、义斋或家塾。

试馆是一些宗族为了方便分散在各地的族中子弟赴试应考，在县、府、省城设立的。有些家族设立在县城、府城、省城的总祠，往往成为宗族内学子前往京城应试的中途停居之所。

为了推动族人积极参加科举考试，宗族往往设有物质奖励措施。南阳叶氏宗族规定：本派裔孙有进士及第者，奖励纹银二十两，乡试中举者，奖励纹银十两；每次会试给予盘费纹银十两，乡试给予盘费纹银五两；新入学者给予蓝衫纹银三两，童生赴学院试给予笔资纹银一两。

两宋时期，海上丝绸之路处于巅峰，海上贸易极大地推动了福建经济的发展，壮大了福建沿海地区各大家族的经济实力。高级人才的培养，需要比较雄厚的经济实力作为后盾，巨族大姓在培育人才方面占据了比较大的优势，一些官宦家族人才辈出。因此，两宋时期的福建籍进士主要集中在泉州、莆田、福州、闽北等地区。例如，福州三坊七巷中有一条郎官巷，宋代时期为刘姓家族所居，该家族中子孙数世皆为郎官，故而得名。

如今在福建仍然保留着许多进士村、进士家族宅邸等。其族谱及象征功名的牌匾，都是曾经辉煌的见证。

进士家族宅邸

读后感：

____

____

____

____

状元之乡——西浦

在福建省宁德市寿宁县东北部闽浙交界的犀溪乡，有一座已有1 100多年历史的千年名村——西浦。西浦村世代居住着缪姓族人，村子方圆不足2千米，至今约有533户人家，2 800多人口。

西浦村景色秀丽、风光旖旎，曾被命名为省级园林式村落，而且在历史上特别是赵宋时期更是名闻遐迩。这个方圆不足2千米的村落和在这里世代居住的缪姓族人，在长达一千多年的历史中人才辈出，科举不断。先后孕育了“特赐状元”缪蟾；特奏名缪昌道、缪守愚；进士缪从优、缪正叔、缪梦弼等近20人，以及举人、贡生、太学生等不计其数。

缪蟾被南宋理宗皇帝选为驸马，赐“特赐状元”出身，并赐赠七律《临轩策士》一首，以临安公主赵安常赐婚。缪蟾官授修职郎，转儒林郎、武学博士，累官至太子太傅、礼部尚书。缪蟾有《应举早行》《琼林赴宴》《廷对谢恩》三首诗传世，传世诗文虽不多，但篇篇锦绣，字字珠玑。

缪策臣，著名企业家，经营温州公孚商业，白手起家，累资达100余亿元。

据不完全统计，恢复高考后，缪姓族人中大中专以上毕业生就有200名之多。

读后感：

文峰林氏

文峰林氏是书香门第之家，世代业儒。民族英雄林则徐乃文峰林氏第二十二世，榕城六世。

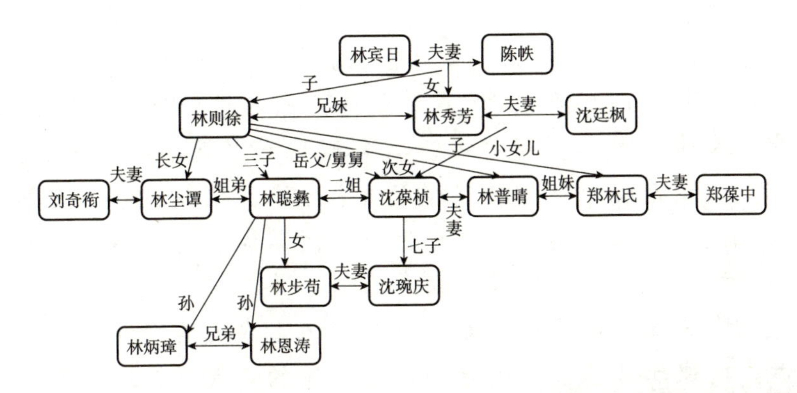

林则徐（1785~1850），侯官（今福州市区）人，清朝著名的政治家、思想家，以其坚定的爱国主义精神和严格的家教著称。在中国历史上，林则徐是一位极具影响力的人物，不仅因为他在鸦片战争期间的坚决抗英立场，更因为他对子孙后代的严格要求和深远影响。他曾留下一句名言："子孙若如我，留钱做什么？子孙不如我，留钱做什么？"

林则徐出生于清朝一个书香世家，自幼受到良好的教育。在他的成长过程中，家庭教育对他影响深远。他的父母非常注重对他的教育，尤其是在品德、学问和责任感方面。正是这种严格的家庭教育，塑造了林则徐坚定的品格和卓越的能力。

林则徐最为人所知的事迹是他在1840年前后的"虎门硝烟"。因其主张严禁鸦片，在中国有"民族英雄"之誉，是近代中国"开眼看世界的第一人"。

1823年，林则徐任江苏按察使。他认为江苏风气败坏，全因鸦片害人，于是下令江苏禁烟。

道光帝鉴于林则徐曾经成功禁烟，认为禁烟并非不可行，决心禁烟，于是召林则徐入京，商谈禁烟。林则徐指出，鸦片使中国白银大量外流，腐蚀统治机构，削弱军队战斗力，危害人民身体健康。

道光帝任命林则徐为钦差大臣，驰往广东查禁鸦片。

林则徐于1839年3月10日到达广东，限定所有烟商三日内交出全部鸦片，并声明以后再不贩烟。少数烟商交出鸦片，大部分烟商无动于衷。林则徐召集当地三大书院600多名学生以“考试”之名，进行了关于鸦片的问卷调查，掌握了烟商的名单。

3月28日，英国人商务总监查理·义律被迫同意缴出全部鸦片。收缴鸦片后，林则徐在御史邓瀛的建议下，决定在虎门用海水浸化法公开销烟。

6月3日，林则徐在虎门销烟。

读后感：

____

____

____

____

闽侯林氏

闽侯林氏是人才辈出的大家族。近现代代表人物有林长民、林觉民、林森、林徽因等。

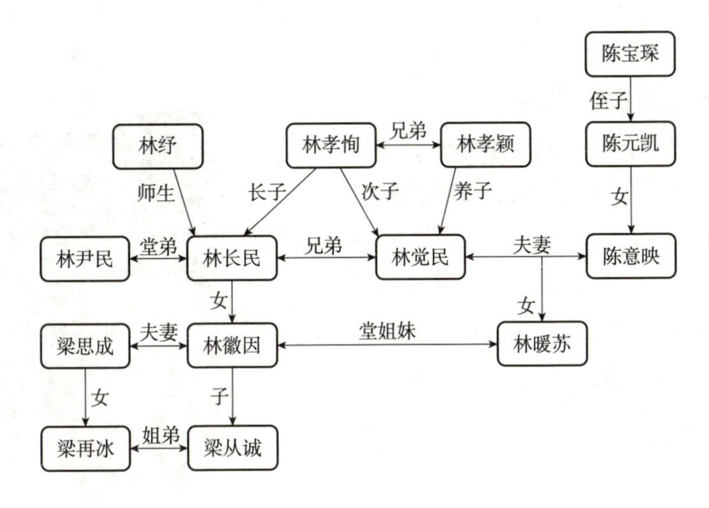

林孝恂是前清翰林，福建闽县人，光绪年间以进士之身列翰林之选。林孝恂思想开明，不仅能接受西方政法思想，还使后代接受新式教育。

林长民（1876—1925），字宗孟，是林孝恂的长子，福州二中的创办人和第一任校长。少年时受业于闽中名士林纾。1902年赴日本留学，入早稻田大学学习研究政治、经济。1912年临时参议院成立，为秘书长，参与草拟《中华民国临时约法》。

林觉民是林孝恂次子，林长民弟，妻子陈意映，字意洞，号抖飞，又号天外生，少年时代参加科举考试，在试卷上留下“少年不望万户侯”七个大字，名震一时。长大后，林觉民深受邹容、陈天华等人的影响，走上了革命道路，并在东渡日本留学时加入同盟会。1911年年初，林觉民从日本回国，在手帕上写下了给父亲的《禀父书》和给妻子的《与妻书》后，与族亲林尹民、林文随黄兴、方声洞等革命党人参加广州起义，受伤被俘，后从容就义，成为“黄花岗七十二烈士”之一。

林尹民是林长民堂弟，字靖庵，与林文、林觉民（三人同年生、同年为创建民国而捐躯）并称黄花岗“三林”，是为“黄花岗七十二烈士”之一。

林徽因（1904—1955），原名林徽音，是林长民的女儿，中国著名建筑师、诗人、作家，发表了《你是人间四月天》《莲灯》《九十九度中》等文学作品，设计了人民英雄纪念碑和中华人民共和国国徽深化方案，与丈夫梁思成一起为中国古代建筑研究奠定了坚实的科学基础。

读后感：

____

____

____

____

福州严氏

福州严氏家族是一个具有悠久历史和文化底蕴的家族，其起源可以追溯到唐朝，以唐朝的严怀英（号仲杰）为始祖，原籍在河南光州固始，后来在唐天祐年间迁入福建，定居于福州阳岐地区。阳岐严氏家族在中国历史上留下了深刻的印记，尤其因近代著名的思想家、翻译家严复而闻名。

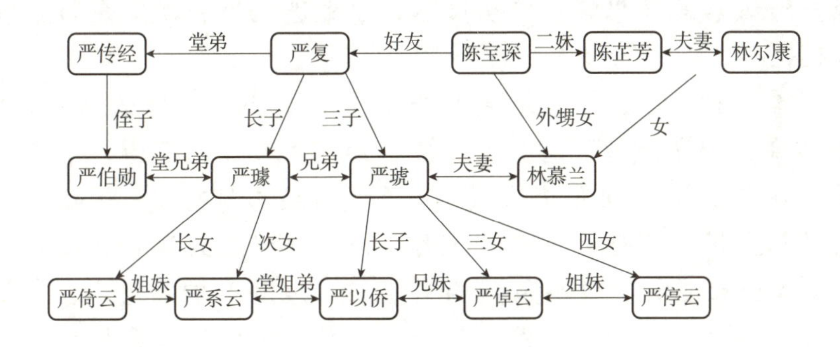

严复，原名严传初，1854 年 1 月 8 日，出生于福建省侯官县（今福州）。13 岁入福州船政学堂学习驾驶，改名宗光，字又陵。17 岁成为船政学堂的第一届毕业生，先后在“建威”“扬武”两舰实习 5 年。18 岁取得选用道员资格，改名复，字几道。

（1）海军思想。1877 年 3 月，严复赴英国学习海军，两年后毕业回国，成为福州船政学堂教习，后升为北洋水师学堂总办。严复给北洋水师学堂带来了西方现代海军管理思想和教学理论。

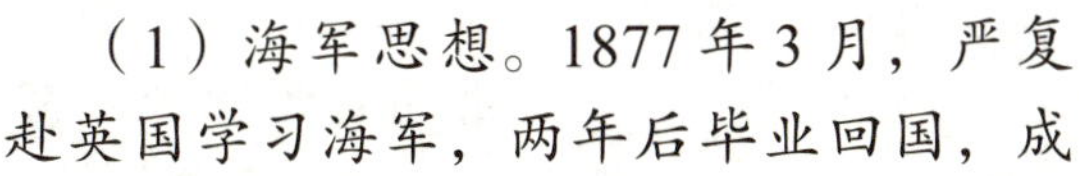

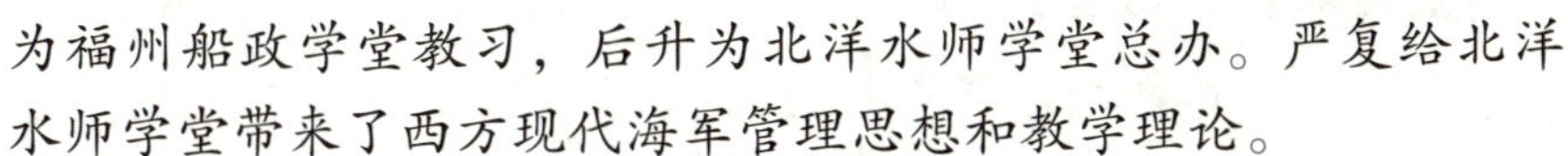

（2）人才培养。严复任总办的北洋水师学堂曾被时人推崇为“实开北方风气之先，立中国兵舰之本”。作为一所新式海军学校，该校 20 年间为社会培养了许多人才，如民国大总统黎元洪、南开大学校长张伯苓、北洋大学教务提调王劭廉、著名翻译家伍光建等。

（3）教育思想。在护法运动中，严复是一个反对顽固保守、力主护法的维新派思想家。他不仅著文阐述维新的必要性、重要性、迫切性，而且翻译了英国生物学家赫胥黎的《天演论》，以“物竞天择、适者生存”“时代必进，后胜于今”作为救亡图存的理论依据，在当时产生了巨大的影响。戊戌变法后，他致力于翻译西方资产阶级哲学社会学说及自然科学著作，是一个资产阶级启蒙思想家。严复信奉达尔文进化论和斯宾塞的庸俗进化论。

（4）呼吁变法。严复疾呼必须实行变法，否则必然亡国。1895 年，甲午战败，宣告了洋务运动的失败。康有为、梁启超等“公车上书”，主张变法维新。严复给梁启超写信，倾吐自己的思想主张。1895 年 2 月至 5 月，严复接连在天津《直报》上发表《论世道之亟》《原强》《辟韩》《救亡决论》四篇政论文，表达自己对时局的分析，提出向西方学习制度文化以进行社会改良的解决方案。1897 年 11 月，严复与王修植、夏曾佑等在天津创办《国闻报》和《国闻汇编》，宣传变法维新，并将《天演论》在《国闻报》报上连续发表。《国闻报》在 1898 年维新变法失败后停刊，严复共创作发表 27 篇社论时评。

（5）翻译理论。严复是中国近代翻译史上学贯中西、划时代意义的翻译家，也是我国首创完整翻译标准的先驱者。严复吸收了中国古代佛经翻译思想的精髓，并结合自己的翻译实践经验，在《天演论》译例言里鲜明地提出了“信、达、雅”的翻译原则和标准。这条著名的“三字经”对后世的翻译理论和实践的影响很大，20 世纪的中国译者都深受这三个字的影响。

1897 年，严复翻译斯宾塞的《社会学研究》，以劝学篇为名刊登在《国闻汇编》，1903 年足本《群学肄言》出版。

1897 年，严复翻译英国生物学家赫胥黎的《进化论与伦理学及其他论文》的前两章，先是被译为《天演论悬疏》，刊登在《国闻汇编》，其正式版本于 1898 年结集出版，由吴汝纶作序，

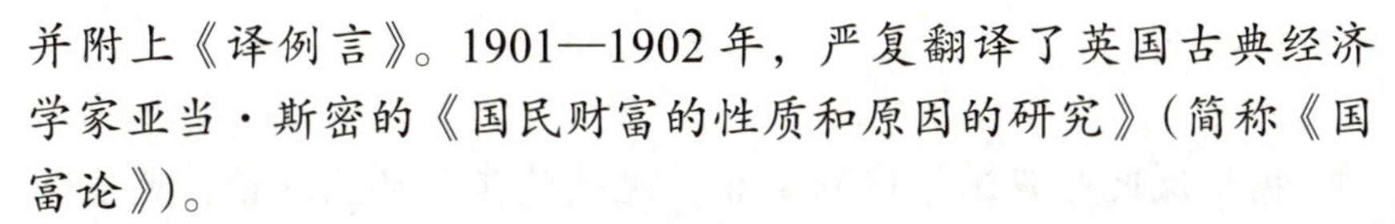
并附上《译例言》。1901—1902 年，严复翻译了英国古典经济学家亚当·斯密的《国民财富的性质和原因的研究》(简称《国富论》)。

1903 年，严复翻译英国政治思想家穆勒的《论自由》，以《群己权界论》为名出版。

1904—1909 年，严复翻译了法国启蒙思想家孟德斯鸠的经典法学著作《论法的精神》，以《法意》为名出版。

读后感：

____

____

____

____

福州沈氏

福州沈氏是声满榕城的望族，沈葆桢其子孙至八世，大多在马尾船政担任要职，是名副其实的船政世家。

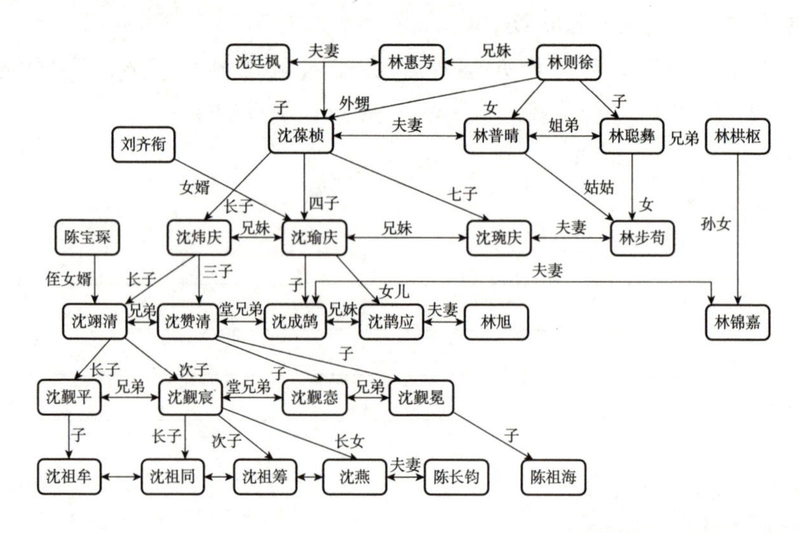

沈葆桢（1820—1879），原名沈振宗，字幼丹，又字翰宇，出身于福州宫巷沈氏家族（又称武林沈氏），晚清时期政治家、军事家、外交家、民族英雄，中国近代造船、航运、海军建设事业的奠基人之一。

沈葆桢曾随曾国藩镇压太平军，后出任江西巡抚。1866年，他接替左宗棠任福建船政大臣，专主福州船政局。

他充分吸收西方科学技术，聘用西方技术人员为学堂教师，使用西方原版洋文课本教学，从而造就了马尾船政的辉煌，成为近代中国海军之父。

沈葆桢的第二代沈瑜庆为江南水师学堂总办；第三代沈翊清为船政会办大臣、船政总稽查，沈颋清为福州船政局代局长；

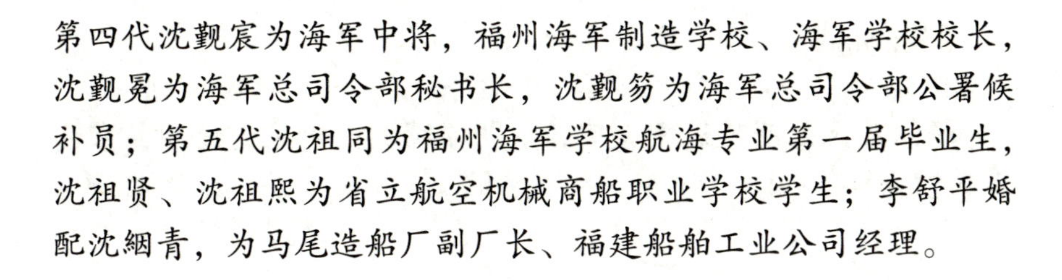

第四代沈觐宸为海军中将，福州海军制造学校、海军学校校长，沈觐冕为海军总司令部秘书长，沈觐笏为海军总司令部公署候补员；第五代沈祖同为福州海军学校航海专业第一届毕业生，沈祖贤、沈祖熙为省立航空机械商船职业学校学生；李舒平婚配沈细青，为马尾造船厂副厂长、福建船舶工业公司经理。

读后感：

螺江陈氏

螺江陈氏是明清进士大家，从明嘉靖朝至清末光绪朝，家族共有21人高中进士。

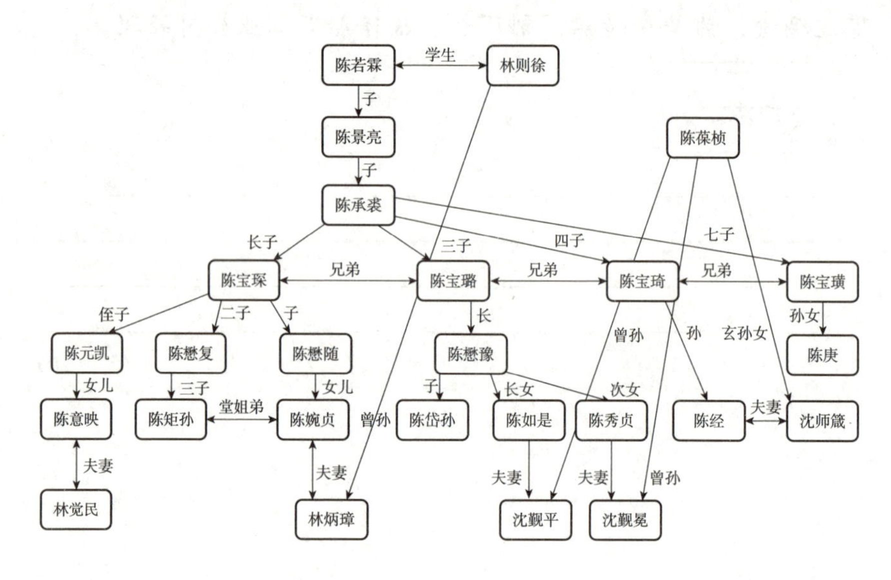

陈宝琛曾祖父陈若霖（1759—1832）为清乾隆五十二年（1787年）进士，当年的林则徐特别崇敬陈若霖，自称是陈若霖的“门下士”。陈宝琛祖父陈景亮为清道光二十年（1840年）举人，陈宝琛父亲陈承裘为清咸丰二年（1852年）进士。

陈宝琛，字伯潜，号弢庵，官至正红旗汉军副都统、内阁弼德顾大臣，并为毓庆宫宣统皇帝（溥仪）授读。

陈宝琛之后的“螺江陈氏”族人，有的参加革命，成为革命的先驱；有的研究学问，成为专家学者。其中有陆军中将陈长捷、海军中将陈庆甲、交通建设学家陈体诚、福建师大教授陈矩孙、经济学家北京大学教授陈岱孙、科学院院士陈彪、物理专家陈蓭等。

读后感：

____

____

____

____

龙山刘氏

龙山刘氏是福州近代民族工商业的先驱。鼎盛时期拥有电气公司、电话公司、铁工厂、制冰厂等20多家企业，几乎控制着当时福州城民族工商业的命脉，被福州百姓誉为“电光刘”。

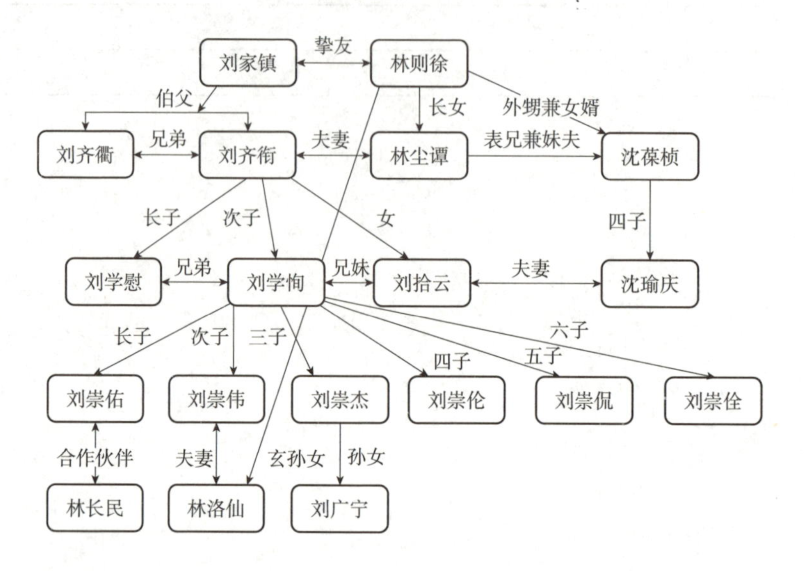

刘崇佑（1877—1942），字崧生，17岁中举人，曾任福建省咨议局副议长，早年留学日本早稻田大学，攻读法律，是一个极具爱国情怀和正义感的大律师，曾被周恩来聘为辩护律师，与林长民共同创办了私立政法专门学校（福建师范大学的前身）。

刘崇佑的夫人廖孟同，是廖鸿荃的曾孙女。刘崇佑有6个儿子，分别是准业、浚业、汀业、滋业、浩业（出继刘崇伦）、沁业，大儿媳妇邹恩俊是邹韬奋的亲妹妹。

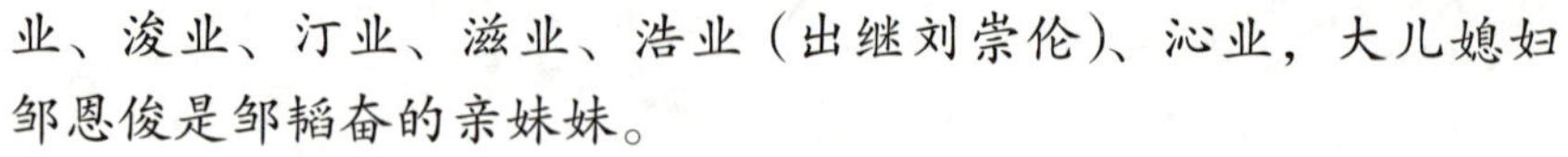

刘崇杰（1880—1956），字子楷，毕业于日本早稻田大学，

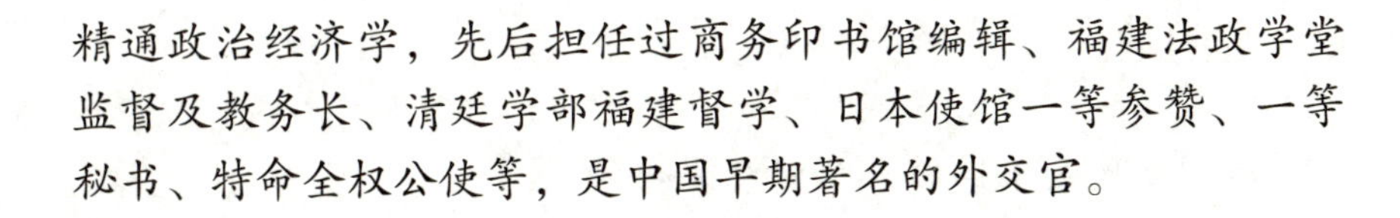

精通政治经济学，先后担任过商务印书馆编辑、福建法政学堂监督及教务长、清廷学部福建督学、日本使馆一等参赞、一等秘书、特命全权公使等，是中国早期著名的外交官。

读后感：

____

____

____

____

雁门萨氏

雁门萨氏是中国的一个以萨为姓氏的家族，为福建福州的名门望族。雁门萨氏的萨都剌生于山西雁门，受元朝赐萨姓。1333年，萨都剌之侄萨仲礼迁基福州，福州萨氏第一支的一部分人住在位于福州市鼓楼区安泰河墘的朱紫坊22号。

萨镇冰（1859—1952），海军上将，参加过甲午海战，曾任清朝南北洋水师兼广东水师提督、中华民国北洋政府国务总理、海军总长、中华民国福建省省长、中华共和国人民革命政府延建省省长、中华人民共和国全国政协委员、中央人民政府革命军事委员会委员。他是沈葆桢的学生，与严复、邓世昌是同学。

萨本栋（1902—1949），电机工程专家，第一届中央研究院院士，曾任中央研究院总干事、中研院物理研究所所长、厦门大学校长。

600年来，萨家共产生了9位进士、40多位举人、10位诗人，在近现代则出现了6位将军、12位博士、数十位学者、1位中央研究院院士和1位中国科学院外籍院士。

读后感：

____

____

____

____

五世同堂

杨兴明是第一届全国文明家庭的代表，20世纪40年代嫁入黄家。黄家五世同堂，亲慈子孝、兄友弟恭、和和美美、其乐融融，几代人和睦相处、相亲相爱。

杨兴明会给晚辈们讲故事，教背家训，督促黄家后人从小接受家训教育，不但要烂熟于胸，还要实实在在地用到生活中。黄家人即使身在天南海北，只要逢年过节，一大家人都会赶回石床村老家，摆开条凳桌椅，规规矩矩背家训，长辈领颂齐咏，晚辈聆听学诵。

杨兴明家庭背家训

杨兴明的大儿子黄上田在抗日战争爆发后，毅然参军，随抗日名将罗广文出川抗日。他曾写过两封家书，要求家中兄妹替他尽孝，告诫弟弟妹妹要勤加学习、有所作为，后来他却没能从战场上回来。孙子黄继财18岁习得医术后扎根山里，为乡亲们治病。有困难的乡亲前来看病，他不仅不收诊费，还留人吃住、给钱救济，这一坚持便是53年。

黄家人非常孝敬老人，年迈的杨兴明是全家最大的牵挂，一到节假日，黄家子孙就纷纷赶回老家，陪她聊天、吃饭，给她梳头、捶背、修剪指甲。特别是每逢春节，五代人齐聚一堂，每个小家庭都做一道拿手菜，大家围坐在一起，热热闹闹吃团圆饭，场面十分温馨。

黄家会定期召开家庭会议，把出现的矛盾都拿出来当面讲清楚、说透彻，使整个大家庭的婆媳关系、妯娌关系处得十分融洽。邻里之间难免会有矛盾，每次出现后，就算问题不在黄家，黄家也总是自我检讨、主动化解。

读后感：

____

____

____

____

道德传家，十代以上，耕读传家次之，诗书传家又次之，富贵传家，不过三代。

专题三
家教——厚德载物

广大家庭都要重言传、重身教，教知识、育品德，身体力行、耳濡目染，帮助孩子扣好人生的第一粒扣子，迈好人生的第一个台阶。要在家庭中培育和践行社会主义核心价值观，引导家庭成员特别是下一代热爱党、热爱祖国、热爱人民、热爱中华民族。要积极传播中华民族传统美德，传递尊老爱幼、男女平等、夫妻和睦、勤俭持家、邻里团结的观念，倡导忠诚、责任、亲情、学习、公益的理念，推动人们在为家庭谋幸福、为他人送温暖、为社会作贡献的过程中提高精神境界、培育文明风尚。

——习近平《论党的宣传思想工作》，中央文献出版社2020年版，第282—283页

专题导入

传统闽剧中有一出“咬奶头”的戏。一个小犯人在行刑前要求母亲让他最后再吸一口母亲的奶，母亲应允了。哪知小犯人却狠狠地把母亲的奶头咬下，鲜血洒满了母子俩的全身。小犯人张着血口埋怨母亲说：“在我小时候偷了邻居家的鸡鸭时，你不仅不责怪我还夸奖我，都是你从小纵容我当小偷，才使我落得今天的可悲下场，我恨你，因此才咬掉你的奶头。”这位母亲后悔莫及，羞愧地低下了头。

一、家教的概念和作用

家教是家庭教育的简称，是指家庭中由家庭成员实施的教育行为、内容及过程，尤指家长有意识地通过自己的言传身教和家庭生活实践，对子女施以影响的社会活动。

为了更好地组织、巩固和发展家庭关系，家庭中的长辈就要向晚辈传授有关家庭和家庭关系方面的知识，进而传授有关精神生活和物质生活方面的知识经验，并培养他们处理人际关系和参与社会活动的能力等。

二、家教的内容

家教的内容通常包括家庭教育的各个方面，涵盖了对家庭成员的孝道、品德、学业、行为规范等方面的教育指导。

（1）孝道教育：教育家庭成员尊敬父母、关爱长辈，培养孝敬之心，传承家族的孝道传统。

（2）品德教育：培养家庭成员的良好品德，包括诚实守信、正直勇敢、友善宽容等品质。

（3）学业教育：鼓励家庭成员努力学习、勤奋进取，注重知识的积累和能力的提升。

（4）行为规范：教育家庭成员遵守社会公德、礼仪规范，培养良好的行为习惯和社交技巧。

（5）情感沟通：鼓励家庭成员之间坦诚沟通、相互理解，促进家庭关系的和睦与融洽。

（6）独立自主：培养家庭成员的独立自主意识，鼓励他们勇于承担责任、解决问题。

（7）财务教育：教育家庭成员树立正确的理财观念，培养节俭理财的习惯，提高财务管理能力。

（8）安全意识：教育家庭成员保护自己、关爱他人，提高安全意识，预防意外事件发生。

（9）社会责任感：培养家庭成员的社会责任感和公益意识，促使他们关心社会、参与公益活动。

（10）健康生活：教育家庭成员注重健康生活方式，包括饮食健康、锻炼身体、保持心理健康等。

三、家教的意义

家教的本来意义是帮助孩子健康成长，教会孩子做人的道理。家教是个体社会化非常重要的途径。家教可以帮助孩子建立正确的价值观和行为准则，培养良好的习惯和品德，提高学习能力和社交能力，以及促进身心健康发展。通过家教，孩子可以学会尊重、自律、自信、勤奋、诚实、宽容等品质，这些品质将对孩子的未来发展产生深远的影响。同时，家教也可以帮助家长更好地了解孩子的需求和问题，建立亲密的家庭关系，增强家庭的凝聚力和稳定性。

（1）塑造个人品格：家庭是最早的教育场所，家庭教育对个人品格的形成和发展起着至关重要的作用。良好的家庭教育能够培养孩子的品德、道德、情感和智力，塑造其健康、积极的人格。

（2）传承文化传统：家庭是文化传承的重要场所，家庭教育承担着传承家族文化传统、价值观念的责任，促进文化的传承和发展。

（3）促进社会和谐：家庭教育不仅影响个人，而且影响整个社会。良好的家庭教育可以培养孩子的社会责任感、团队合作精神，促进社会和谐稳定。

（4）提高社会竞争力：家庭教育对个人的学习习惯、学习能力、职业能力、社会适应能力等方面都有直接影响，良好的家庭教育有助于提高个人的竞争力和发展潜力。

（5）培养公民意识：家庭教育可以培养孩子的公民意识和社会责任感，引导他们积极参与社会公益活动，为社会发展贡献力量。

（6）建立家庭价值观：家庭教育有助于建立家庭的核心价值观，指导家庭成员的行为准则和生活态度，促进家庭和谐稳定。

（7）培养人生观：家庭教育可以引导孩子形成正确的人生观和世界观，帮助孩子树立积极向上的人生目标和追求。

教给孩子的32条教养礼仪

《人民日报》给孩子的32条教养礼仪：

（1）问他人话的时候先说“请问”。

（2）他人给了自己什么东西，要说“谢谢”。

（3）不要打断大人们的谈话，除非真的有急事。

（4）跟长辈或不熟悉的人说话前，最好先说一句“打扰了”或叫出称谓。

（5）如果在做一件事情前拿不定主意，先去征求父母或老师的意见和许可。

（6）一些批评的言论最好只是跟自己的朋友交流。

（7）不要对他人品头论足，当然称赞他人的外表是必要的。

（8）当他人向你问好时，记得礼貌回应，并且也问候他人。

（9）在朋友家做客时要向朋友的父母表达感谢。

（10）进房间前先敲门。

（11）打电话时先讲明自己是谁，然后再找自己想要找的人，而不是一开口就问 ××× 在吗。

（12）收到礼物后要表达感谢。

（13）不说脏话。

（14）不要对人口出恶言。

（15）任何情况下都不要嘲笑他人，因为这对于被嘲笑的人来说是一件残酷的事情。

（16）看演出时，就算再无聊也要保持安静。

（17）撞到他人的时候立刻说抱歉。

（18）咳嗽或打喷嚏的时候要遮住嘴，并且公开场合不要抠鼻子。

（19）进出一扇门的时候记得停留片刻，帮助后面的人把门开着。

（20）看到父母、老师或者邻居在忙什么的时候，问一问能不能帮忙。

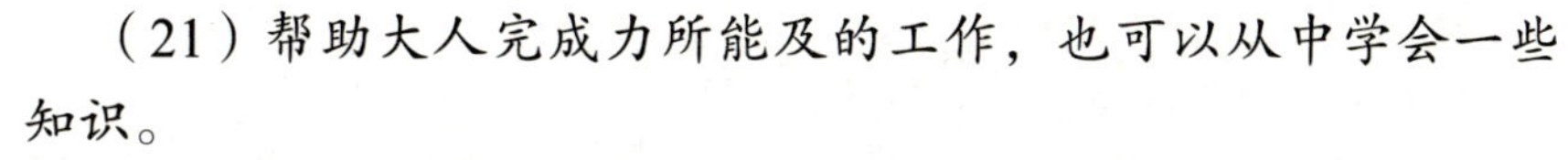

（21）帮助大人完成力所能及的工作，也可以从中学会一些知识。

（22）接受了他人的帮忙，记得说谢谢，不要把他人对自己的好当作理所当然。

（23）正确使用餐具。不知道怎么用的时候就问父母，或者观察其他大人是怎么使用的。

（24）在电影院、飞机、火车等公共场合，不要大声交谈或者哭闹，别以年龄小不懂事为借口。

（25）不要伸手去拿桌子上离自己比较远的东西，请旁边的人帮你传过来。

（26）不以自我为中心，要关爱他人。

（27）知道最基本的餐桌礼仪，不吃独食，不剩饭剩菜。

（28）要知道“从哪里拿的东西，放回到哪里去”。

（29）喜欢阅读，并养成习惯。

（30）信守承诺，自己说出来的话，要竭尽全力去完成。

（31）建立与他人的界限，“他人的东西不随便拿，自己的东西合理支配”。

（32）不要撒谎。

读后感：

____

____

____

____

陶母责子

东晋名将陶侃，青年时代做管理河道及渔业的官吏，曾经（派官府里的差役）把一坛糟鱼送给其母。

陶侃的母亲将送来的糟鱼封好交还给差役，写了一封回信责备陶侃，信中写道：“你身为官吏（本应清正廉洁），却用官府的东西（作为礼品）赠送给我，（这样做）不仅没有好处，反而增加我的忧愁。”

读后感：

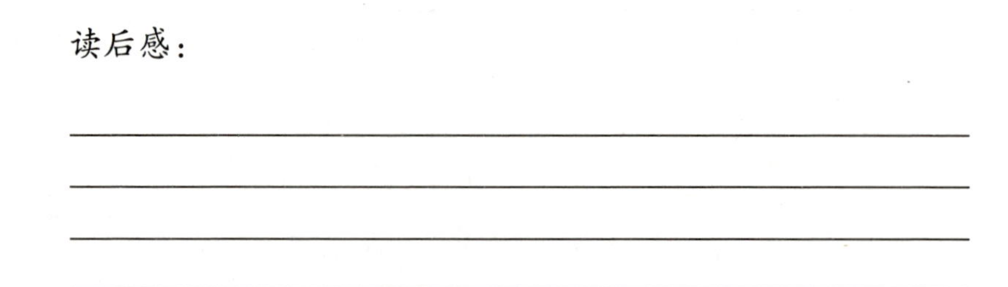

孟母断织

孟子小的时候对读书很不认真，经常逃学。有一次，孟子早早地跑回了家，孟母正在织布，她问儿子："学习怎么样了？"孟子慢吞吞地回答说："跟过去一样。"孟母听了又生气又伤心，举起一把刀，"嗞"的一声，一下就把刚刚织好的布割断了，麻线纷纷落在地上。孟子看到母亲把辛苦织好的布割断了，心里既害怕又不明白其中的原因，忙问母亲出了什么事。孟母摸着孟子的头，长叹了一口气对孟子说："学习就像织布一样，你不专心读书，就像断了的麻布，布断了再也接不起来了。君子求学是为了成就功名，博学多问才能增加智慧。你经常逃学怎么能成为有用之才呢？"母亲的行为，使孟子受到了很大的触动。从此以后，他牢牢地记住母亲的话，起早贪黑，刻苦读书，为他以后成为儒家大师打下了坚实而稳固的基础。

读后感：

____

____

____

____

曾子杀彘

古人云："君子一言，重于泰山。"自古以来，中华民族就特别崇尚诚信，无论修身、齐家还是治国，都十分重视诚信。《道德经》说："轻诺而寡信。"意思是轻易向他人承诺的人一定很少讲信用。孔子也多次谈到诚信的问题，他说："人而无信，不知其可也。"意思是做人而不讲信用，不知道他怎么可以立身处世。

有一天，曾子的妻子要出门，幼子要一起去，其妻不答应，孩子哭闹，妻子就哄孩子说回来后会宰猪做肉给他吃，孩子不闹了。妻子回来后，看到丈夫正在磨刀，问他为什么，曾子说要杀猪给孩子吃，妻子惊慌失措，说当时不过是为了哄孩子而已，不要当真。曾子回答，如果孩子从小就在哄骗、欺骗中长大，将来成人后就不能成为一个有道德的人，家长要说话算话。于是，曾子履行了对孩子的承诺。

读后感：

____

____

____

____

贤母程夫人

在一个家庭中，母亲的角色和地位尤为重要。家庭教育特别是母亲的教育，是一切教育的根基，足以影响孩子整整一生。

程夫人十八岁时嫁给苏洵为妻，她柔顺贤惠，知书识理，为了丈夫和两个儿子有一个良好的学习和生活环境，她将陪嫁全部变卖，在眉山城纱縠行租房做起了丝绸生意，在短短几年时间改善了苏家的生活状况。

在孩子的教育上，程夫人和丈夫苏洵是各有分工的。苏洵教读书、作文，让孩子们从小“奋厉有当世志”，明白古今成败的道理，长大后成为国家社稷的栋梁。程夫人重在教做人，让孩子们自幼有一颗善良仁慈之心，有鲜明的道德意识和正确的世界观、人生观和价值观。

程夫人告诫两个儿子，读书不能仅满足于“以书自名”，还要以书中的仁人志士为榜样，立大志，报国家。她在教读《后汉书·范滂传》时，感叹范滂是东汉时有名的清正有节之士。桓帝时，范滂与李膺、陈蕃等人反对宦官专权，被诬陷为“党人”入狱。被捕前，他与母亲诀别，请母亲不要悲伤，范母答道：“你今天有幸与李膺、杜密齐名，死有何恨？”范滂死时，年仅三十三岁。

苏轼问：“我如果有一天成为范滂一样的人，母亲您许可吗？”程夫人严肃地回答说：“你能成为范滂，难道我就不能做范滂的母亲？”

程夫人教子，不仅限于言传，更注重以身垂教。有件事让童年苏轼印象深刻。程夫人曾在眉山城里纱縠行租房做布帛生意。一天，两个婢女在纱縠行的土坑里发现一口胖肚小颈的大陶罐，上面还盖着一块乌木板。一个婢女好奇地说：“夫人，那罐里该不会藏有什么金银财宝吧？干脆我们打开瞧瞧。”程夫人严厉地制止，让婢女把陶罐重新埋好，不许贪图不义之财！母亲程夫人的警训和以身示范影响了苏轼一生，他坚守着“苟非吾之所有，虽一毫而莫取”的做人底线。

此外，程夫人还是个慈悲为怀的女性，懂得与生命万物和谐相处。她从不伤害鸟雀，也不许家人捕捉和惊吓鸟雀。因此，苏家庭院成了鸟的天堂，鸟雀们都敢低枝做巢，甚至珍异难见的桐花凤也飞进了苏家。

女性的温柔良驯，能够使整个家族臻于和睦；女性的智慧能干，能够让一个家庭兴旺起来，程夫人是苏洵的贤妻，也是苏洵的良友；程夫人不仅是苏轼、苏辙的贤母，也是兄弟俩的良师。贤母程夫人成就了苏家一门父子三词客。

读后感：

岳母刺字

公元 1126 年，金兵大举入侵中原，岳飞再次投军。临行前，姚太夫人把岳飞叫到跟前，说："现在国难当头，你有什么打算？"岳飞回道："到前线杀敌，精忠报国！"

姚太夫人听了儿子的回答，十分满意，"精忠报国"正是母亲对儿子的希望。她决定把这四个字刺在儿子的背上，让他永远铭记在心。

岳飞解开上衣，露出瘦瘦的脊背，请母亲下针。

姚太夫人问："孩子，针刺是很痛的，你怕吗？"

岳飞说："母亲，小小钢针算不了什么，如果连针都怕，怎么去前线打仗！"

姚太夫人先在岳飞背上写了字，然后用绣花针刺了起来。但"国"字没有一点，象征国内无首。刺完之后，岳母又涂上醋墨。从此，"精忠报国"四个字就永不褪色地留在了岳飞的后背上。

母亲的鼓舞激励着岳飞。岳飞投军后，很快因作战勇敢被升秉义郎。这时，宋都开封被金军围困，岳飞随副元帅宗泽前去救援，多次打败金军，受到宗泽的赏识，称赞他“智勇才艺，古良将不能过”。后来，岳飞成为著名的抗金英雄，受历代人民所敬仰。

读后感：

____

____

____

____

黄香温席

东汉时期，有个叫黄香的人，很小的时候，就知道亲近、孝顺父母，以孝出名。9岁时，母亲去世，从此他更加细心地照顾父亲，一人包揽了所有的家务事。到了冬天，他害怕父亲着凉，就先钻到冰冷的被窝里，用身体温热被子后，再扶父亲上床睡下。到了夏天，为了使父亲晚上能很快入睡，他每晚都先把凉席扇凉，再请父亲去睡。黄香小小年纪，就有这样的孝心，也使他在做人、求学上有所成就，后来他当上了以孝闻名的好官，人称“天下无双，江夏黄香”，被列为“二十四孝”之一。

读后感：

____

____

____

____

家有纲，万事兴；
家无纲，万事败。

专题四

家风——福泽绵长

广大家庭都要弘扬优良家风，以千千万万家庭的好家风支撑起全社会的好风气。特别是各级领导干部要带头抓好家风。《礼记·大学》中说："所谓治国必先齐其家者，其家不可教而能教人者，无之。"领导干部的家风，不仅关系自己的家庭，而且关系党风政风。各级领导干部特别是高级干部要继承和弘扬中华优秀传统文化，继承和弘扬革命前辈的红色家风，向焦裕禄、谷文昌、杨善洲等同志学习，做家风建设的表率，把修身、齐家落到实处。

——习近平在会见第一届全国文明家庭代表时的讲话

专题导入

横要平，竖要直，这就是我们家的家风。

【福州新闻】好家风，代代传

一、家风的概念

家风又称为门风，是指一个家庭或家族世代相传的生活作风、道德品质、审美格调、气质风貌，是一个家庭的风气。

家风有别于家庭世代相传的道德准则和处世方法，是一个家庭的性格特征。虽然它一旦形成，就成为教化的资源，对家族子弟具有熏染影响、沾溉浸濡的意义，但家风是一种不必刻意教诫或传授，仅仅通过耳濡目染就能获得的精神气质，具有“润物细无声”的意义。家风是经由长期教化后的结果，体现在家庭成员言谈举止、为人处世的点点滴滴、方方面面，展现一个家庭的整体风貌，是最重要的家庭软实力。每个人身上都会打上这个家庭家风的印记。家风的好坏甚至直接影响了后代在社会上的发展。

家风是建立在中华文化之根上的集体认同，是给世代家族成员树立的价值准则，是每个个体成长的精神足印，是一个家族代代相传沿袭下来体现家族成员精神风貌、道德品质、审美格调和整体气质的家族文化风格。家风对家族的传承、民族的发展都起到重要的影响。

修身、齐家、治国、平天下。家风兴则政风兴，政风兴才能国家强。现实告诉我们，家风的优劣已经影响到一个家庭、一个单位、一个地方，甚至一个区域，直接关系着社会的进步与否，尤其是青少年的身心健康。树立什么样的家风，与财富无关，与地位无关，但与个人的素养、品质和梦想有关。

家风如同一个人有气质、一个国家有性格一样，一个家庭在长期的延续过程中，会形成自己独特的风习和风貌。这样一种看不见的精神风貌、摸不着的风尚习气，以一种隐性的形态存在于特定家庭的日常生活之中，家庭成员的一举手、一投足，无不体现出这样一种习性，这就是家风。因此，我们可以将家风看作是一个家庭的传统，是一个家庭的文化。

优良的家风是一个家族最宝贵的财富，是无形的“传家宝”。家风教育不仅对孩子的品格塑造起着至关重要的作用，如果用了正确的教育方法也可以使亲子关系更加良好。希望每个人都可以拥有良好的家风及和睦的家庭。

二、家风的作用

（1）形成家族凝聚力和向心力。

家风是家族凝聚力和向心力的核心。传承家风可以保持家族的统一和向心力，使家族成员之间更加紧密地联系在一起，形成共同的家族认同感和荣誉感。

（2）保持家族传统和文化的连续性与完整性。

家风是家族传统和文化的载体。传承家风可以保持家族传统和文化的连续性与完整性，这不仅有助于家族成员了解和认同自己的家族历史与文化，也有助于家族文化的传承和发展。

（3）促进个人品德和素质的培养。

家风对个人品德和素质的培养也具有重要的作用。良好的家风可以影响和塑造家庭成员的品德与行为，使他们在家庭中形成良好的习惯和行为规范，进而影响到他们的一生。

（4）有利于家庭和谐和社会稳定。

家风是家庭和谐和社会稳定的重要因素之一。良好的家风可以促进家庭和谐，使家庭成员之间的关系更加融洽、和谐。同时，良好的家风也可以影响家庭成员的行为和思想，从而促进社会的和谐稳定。

（5）提高家族形象和社会声誉。家风也是家族形象和社会声誉的重要组成部分。良好的家风可以使家族在社会中获得更高的声誉和认可，从而为家族的发展提供更多的机会和支持。

三、中国共产党人的家风

中国共产党是中华优秀传统文化的忠实传承者和弘扬者，历来重视家风建设。习近平总书记指出："各级领导干部特别是高级干部要继承和弘扬中华优秀传统文化，继承和弘扬革命前辈的红色家风，向焦裕禄、谷文昌、杨善洲等同志学习，做家风建设的表率，把修身、齐家落到实处。"毛泽东同志曾为亲情立下"三原则"。周恩来同志用"十条家规"告诫进京做事的亲属"完全做一个普通人"。焦裕禄不让孩子"看白戏"，将票款如数交给戏院。孔繁森扶贫济困时出手大方，对妻子女儿却显得"小气"。老一辈革命家和许许多多优秀共产党员的良好家风，诠释着奉公品德、求实作风、廉洁精神，是人们涵养良好家风的榜样。

习近平总书记反复强调要注重家庭、家教、家风，一再提醒党员、干部要带头树立良好家风，加强对亲属和身边工作人员的教育和约束。党的十八大以来，各地区各部门认真学习贯彻习近平总书记关于注重家庭、家教、家风建设的重要论述精神，积极推进家风建设。同时，相关政策法规密集出台，推动家庭、家教、家风建设工作制度化、规范化。《中国共产党廉洁自律准则》要求党员领导干部"廉洁齐家，自觉带头树立良好家风"；《关于新形势下党内政治生活的若干准则》要求"领导干部特别是高级干部必须注重家庭、家教、家风，教育管理好亲属和身边工作人员"；《中国共产党党内监督条例》要求中央政治局委员应当"带头树立良好家风"；《关于加强新时代廉洁文化建设的意见》要求把家风建设作为领导干部作风建设重要内容。一系列重要党内法规制度出台，家风建设由"软要求"变成"硬约束"。党员、干部要带头遵守党纪国法，明大德、守公德、严私德，清白做人、勤俭齐家、干净做事、廉洁从政，管好自己和家人，努力成为全社会的道德楷模，带头践行社会主义核心价值观，把党的光荣传统和优良作风传承好、弘扬好。

- 建党精神
- 新民主主义革命时期：井冈山精神、苏区精神、长征精神、遵义会议精神、延安精神、抗战精神、红岩精神、西柏坡精神、照金精神、东北抗联精神、南泥湾精神、太行精神（吕梁精神）、大别山精神、沂蒙精神、老区精神、张思德精神
- 社会主义革命和建设时期：抗美援朝精神、“两弹一星”精神、雷锋精神、焦裕禄精神、大庆精神（铁人精神）、红旗渠精神、北大荒精神、塞罕坝精神、“两路”精神、老西藏精神（孔繁森精神）、西迁精神、王杰精神
- 改革开放和社会主义现代化建设新时期：改革开放精神、特区精神、抗洪精神、抗击“非典”精神、抗震救灾精神、载人航天精神、劳模精神（劳动精神、工匠精神）、青藏铁路精神、女排精神
- 中国特色社会主义新时代：脱贫攻坚精神、抗疫精神、“三牛”精神、科学家精神、企业家精神、探月精神、新时代北斗精神、丝路精神

中国共产党人精神谱系

扫码收听中国共产党人精神谱系

千年名门望族“钱氏家族”

吴越钱氏家族由唐末至南宋的400年间，封郡王、国公者20余人，封侯拜相、入仕内阁者近百人，出了许多著名文学家、藏书家、医药家，近代更是出了100多位院士，更有精英分布于世界50多个国家的各个行业。

他们低调千年，却改变了大半个中国。

明代出现了诗人钱谦益，是中国历史上最伟大的诗人之一。清朝出现了18世纪中国最为渊博和专精的学术大师钱大昕，他被陈寅恪评价为清代史家第一人；著名藏书家钱曾、学者钱塘、书画家钱沣都是钱王后裔。

到近现代，钱氏更是人才济济。据统计，钱氏有一诺奖、二外交家、三科学家、四国学大师、五全国政协副主席、十八两院院士，以及100多位国内外科学院院士，分布于世界五十多个国家。

真正好的教育是耳濡目染、潜移默化的影响，这就是家风。

钱镠认为，做人以立品为先，有才无德的人，是极其危险的。钱镠曾说“子孙虽愚，诗书须读”。崇文倡教、读书明理，是钱氏家族的重要家风，它强调的就是：读书为第一等事，读书子弟为第一等人。

为了让家族中的穷苦孩子也能读得起书，从宋代开始，钱氏家族族内相互扶携。各地的钱家都设立义田、义庄……并明文规定其中一部分田产或盈利必须作为教育经费。

无锡的怀海义庄“救灾周急、恤孤矜寡、排难解纷、兴学育才”。族内凡鳏寡孤独者，均能领到义庄钱粮；钱姓子弟不分贫富都能上学。

国学大师钱穆就是在义庄资助下才得以上学的。钱穆的侄子钱伟长家境贫寒，读不起书，在义庄的资助下，完成学业，成为中国力学之父。

国学大师、著名教育家钱基博，自幼便喜好读书，勤奋治学。他博通经史子集四部，以集部之学见称于世，有“集部之学，海内罕对”的美誉。

民国第一才子钱锺书是钱基博的儿子。他的《围城》是中国现代文学史上，一部风格独特的讽刺小说，被誉为“新儒林外史”。他的《管锥编》堪称文学史的代表作，除大量阅读外，他还学习他的父亲，无论看什么书都必做笔记，一生都在纯粹地做学问。

钱氏研究者曾说：“钱家人的家风都很正，学习的目的性非常纯洁，他们对读书的热爱，完全是对知识的追求和热爱。”

钱氏娶媳求淑女，勿计妆奁；嫁女择佳婿，勿慕富贵。相比家世、财富，更看重配偶的教养和素质。因此钱氏家族的配偶，大多德才兼备。

钱氏提出了作为社会人的担当，不做蝇营狗苟的“小我”，要做利国利民的“大我”。弱则发奋图强，强则振兴中华，成了钱氏子孙自觉背负千年的使命。

钱穆晚年不忘教导子女：“吃点苦没有什么，我希望你们，做好一个中国人，用功读书做学问。”

钱学森曾多次提及，“在我工作遇到困难而百思不得其解时，往往是蒋英的歌声使我豁然开朗，得到启示，我很有福气”。

钱伟长的夫人孔祥瑛，是孔子的第七十五代孙，清华大学高才生，曾任清华附中校长。他们两人相濡以沫 61 年，在钱伟长最落魄的日子里仍不离不弃。

个个忠勇为国，代代皆是豪烈，钱氏家族传承的是宝贵的精神食粮。家风正，民风淳，国家兴。

读后感：

____

____

____

____

先忧后乐

范仲淹（989—1052），字希文，江苏吴县人，北宋著名政治家、思想家、军事家和文学家，世称“范文正公”。著有《范文正公集》。

范仲淹早年家贫，历尽坎坷；少年发奋读书，立志报国济民。进入仕途后，致力思君报国，以卓越的才能治理地方，造福百姓；文韬武略，建立功勋；积极谏君，整顿吏治；忧国忧民，推行新政；潜心学问，笔耕不辍，一生几度沉浮，始终保持着清白本色。

范仲淹为官几十年，官职遍历朝中重臣、地方要员，但他一生清廉守正，持俭忍穷，乐善好施。《义田记》记载：“殁之日，身无以为敛，子无以为丧；惟以施贫活族之义，遗其子而已。”说的是范仲淹去世的时候，竟然没有衣物殡殓，子孙也没有钱来为他办理丧事，只以周济穷人和养活族人的高义遗留给子孙罢了。范仲淹做人做官，时刻保持自省，用他自己的话讲就是“不矜细行，终累大德”。他以高度的自觉性和责任感，时刻提醒自己要清心洁行，廉洁奉公，唯恐对不起自己的俸禄，其清廉为官、清白做人的操守为世代所景仰。

范仲淹不仅自己做到了廉俭一生，还特别注重教育孩子生活俭朴，要求自己的孩子学会“忍穷”，甘于清贫。范仲淹治家十分严谨，《言行录》中记载：“范公常以俭廉率家人，要求家人畏名教，励廉耻，知荣辱，积养成名。”

范仲淹有四个儿子，皆德才兼备，成为朝廷重臣，口碑极好。长子范纯祐，以聪慧和孝道著称，历任监主簿、司竹监等职。次子范纯仁，官至宰相，为官清廉贤明，继承了范仲淹的遗志，时人称其为布衣宰相。三子范纯礼，官至礼部尚书，为官几十年，同样官声极好。四子范纯粹，以祖荫出仕，做到过户部侍郎。四个儿子都是在范仲淹从宰相位置上卸任后，才出来做官的，他们的成就都是自己努力的结果。四兄弟无论担任什么职位，从来没有贪赃枉法，这离不开范仲淹成功的家教，离不开他身体力行的影响。

范仲淹还告诫自己的子侄，不仅要“慎未防微，各宜节俭”，而且要“清心做官，莫营私利”。足见其言语之恳切，用心之良苦。在范仲淹的影响下，范家始终保持着俭朴的门风。时至今日，每年春分时节，范氏后裔均来到位于四川省的范家大院祭祀祖先、交流亲情，谨记祖先“先忧后乐”的谆谆教诲，将范氏家规家风传承和发扬下去。

读后感：

____

____

____

____

勤俭居家

曾国藩（1811—1872），字伯涵，号涤生，湖南湘乡（今湖南省娄底市双峰县荷叶镇）人，历任两江总督、直隶总督、武英殿大学士等要职，封一等毅勇侯，与李鸿章、左宗棠、张之洞并称“晚清四大名臣”。

曾国藩的祖父曾星冈年轻时沉迷于游玩享乐，常骑马往返于湘潭的繁华市集，与一些浪荡子弟嬉戏玩乐，经常睡到日上三竿。后来醒悟，改掉纨绔做派，天未亮就起床下田劳作，把早起、读书、种菜、养鱼、喂猪、打扫、祭祀、友邻等作为居家的法宝，要求全家人必须做到，这对培养家风产生了重要的影响。

曾国藩提出居家有奢淫、骄怠、不和、侮师慢客“四败”。为避免“四败”，他严以治家，以身作则，营造孝悌、勤俭的家风。

曾国藩把孝悌放在很重要的位置，非常看重家庭成员之间的和睦。孝是对父母和长辈的感恩、尊敬与赡养；悌是兄弟之间和睦友爱，也就是同辈之间的融洽与和谐。他十分注意教育子女戒奢戒骄，要求他们谨慎交友、善待友邻及仆从。

曾国藩任两江总督时，主要公文均自批自拟，很少假手他人。任直隶总督时，半年之间结案4万多件，多年尘牍为之一清。他要求儿子每天起床后，衣服要穿戴整齐，先向伯、叔问安，然后把所有的房子打扫一遍，再坐下来读书，每天要练1 000个字；要求家里的妇人和女儿早饭后做小菜、点心、酒酱等食事，巳午刻纺花或绩麻等衣事，午饭后做针线、刺绣之类的细工，酉刻做男鞋、女鞋或缝衣等粗工。曾国藩衣食极为俭朴，平时穿土布衣，每顿只吃一个荤菜。

在“读书为明理”的家教影响下，曾国藩的长子曾纪泽只参加了一次乡试后，就专心攻读外文，阅览大量的西方著作，悉心学习西方文化，在外交方面显示了他的才干，成为中国近代著名的爱国外交家。次子曾纪鸿，专攻天文、算学，取得了很好的成绩。曾国藩的女儿出嫁后都是勤俭持家的贤妻良母。尤其是曾国藩最疼爱的“满女”曾纪芬，嫁入衡山聂家后，秉承勤俭美德，丝毫没有千金小姐的娇纵习气，相夫教子、勤俭持家，使聂家门庭不断兴旺发达。

曾纪泽的长子曾广铨，在跟随父亲出国期间刻苦学习外语，精通英语、法语、德语等多种语言，后曾任京师大学堂译文馆总办，是清末著名的翻译家。曾纪鸿的长子曾广钧从小读书勤奋刻苦，23 岁中进士入翰林，是翰林院中最年轻的一位，被称为“翰林才子”。

曾国藩的直系后辈，到第四、第五代时已达 140 多人，大都在学术、科技上有所成就，没有出过一个纨绔子弟。曾约农，少年时期便远赴英国留学，获伦敦大学理科工程课学士，后倾尽全力投身教育事业。曾宝荪，知名教育家，是中国第一个在伦敦大学获得理科学士的女生，1918 年创办长沙艺芳女校兼任校长，曾多次出席世界性的教育会议。

曾国藩的家风、家教思想深深地影响了曾氏族人。曾国藩四位弟弟的后辈也多秉承曾家勤劳、俭朴、孝悌的家风，无论是读书、为官都有所成。曾国藩大弟弟曾国潢的长子曾纪梁顺利考中秀才，但因有乡人曾戏言“曾氏家门鼎盛，县官每次送秀才一位”，便即易名，用学名怀柳再次参加县试，并再次中试。此外，曾纪渠、曾纪瑞等也是曾氏后辈中的佼佼者。

如今，曾国藩的后辈已传至第八代，且已遍布世界各地。曾国藩所倡导的家风、家训仍对这些后人有深深的影响。

读后感：

崇俭养廉

左宗棠（1812—1885），字季高，一字朴存，号湘上农人。晚清重臣、军事家、政治家、湘军将领，洋务派代表人物之一。

左宗棠一生秉持着简朴的生活习惯，倡导“耕读为本，自立自强”，要求子孙艰苦奋斗、自食其力，凭真才实学，靠技艺吃饭，以实学实行造福大众。同时，教育子孙要清白廉洁，不惧难忧，并鼓励子侄们要胸怀天下，有大无畏的担当精神，即使身居高位，也始终坚守着不贪不占的原则。

左宗棠出生地是左家塅，在今湖南省长沙市湘阴县金龙镇新光村。幼时记事起，曾祖父左逢圣就在左家塅附近的高华岭设“义茶亭”，免费为路人提供茶水。洪涝年份，左逢圣更是在袁家铺摆摊施粥，赈济灾民。祖父左人锦、父亲左观澜也乐善好施，在族中修建“义仓”，灾年便散粮济困。

从小耳濡目染，左宗棠一直秉承“世德相济，积累深厚”的祖训，青年时期就在老家湘阴和父亲兄长一起兴办“仁风团”“积谷仓”“义学公”，接济贫苦穷人，推行免费教育。

发上等愿，结中等缘，享下等福；

择高处立，就平处坐，向宽处行。

左宗棠题写的这短短24个字，既是对自己的要求，也是整个左氏家族的家训。“子弟欲其成人，总要从寒苦艰难中做起，多酝酿一代多延久一代也”，左宗棠在写给儿子孝威的家书中这样提到，并教育儿子，“做官不要钱，乃本分事”，“不欲以一丝一粟自污素节”，“一芥不取，一尘不染”。

左宗棠担任闽浙总督时，夫人唯一一次携子女探亲，途经福建崇安县，知县按例接待。不久，他调任陕甘总督，赴任途中专门去了趟崇安，如数付清了这笔接待费用。

左宗棠明令亲友不许借他名望牟利。他曾给老部下、继任陕甘总督杨昌濬写信说，若他的亲戚乡邻有逗留兰州请求收录者，“决不宜用”。家风之严，可见一斑。

廉为官之本，俭为廉之基。养廉必须以俭。左宗棠坚守廉洁立身之准则，严于律己，并要求家人修节俭之德。

据《清史稿》记载，左宗棠生活“刚明耐苦，布衣蔬食”；为官“廉不言贫，勤不言劳”。作为一员封疆大吏，左宗棠戍边二十多载，但他每年寄回湘阴的家用只有200两银子，其余全部用于治军等用途。由于长期伏案，袖口经常磨破，为节约置衣开支，左宗棠在衣袖外加层袖套，又继续穿。有人还因此作《宫保袖歌》，在西北大营传唱一时。

左宗棠的俸禄和养廉银虽多，但绝大多数被他捐出用于公务或赈灾。1866年6月25日，左宗棠在福建奏设创办船政学堂，成为中国最早的海军学校，也是中国首家现代军事学院和现代职业教育学院。左宗棠认为“塞防与海防”要兼顾，在满清朝堂上力排众议，左公70岁率兵出征，将棺材抬在阵前，从1867年开始准备到1878年平定新疆，再到1884年新疆建省，18年间为中国收复166万平方千米领土。

左宗棠的勤俭清廉对后世子孙影响很大，更难得的是带出了一支清廉的团队，他麾下的将领、官员均以清廉闻名于世。

读后感：

____

____

____

____

家国情怀

杨靖宇原名马尚德，老家在河南省确山县李家湾村，1927年加入中国共产党，在当地领导了多起农民暴动。1928年，他离开老家远赴东北，曾任东北抗日联军第一军军长、第一路军总司令等职。1940年，杨靖宇率领少数战士抗击日寇，后壮烈牺牲。他的后人们说："咱是烈属，是抗日英雄的后代，咱家孩子可不能丢脸，可不能出孬种。"

杨靖宇是1928年离开家乡的，临走的那一天，他对妻子说："明天我要出趟远门，也许几年也不能回来，这个家就交给你了！"可没想到，这竟是与家人的永诀。他留下了两个孩子，儿子1岁多，女儿才刚刚出生5天。

1944年，独自撑起家庭17年、抚养儿女成人的妻子在对丈夫的苦盼中病故。病重期间，她将儿子马从云、儿媳方秀云、女儿马锦云、女婿张连清叫到炕前，拿着杨靖宇留下的唯一一张照片，叮嘱他们说："好好藏着你爹的照片，将来，等红军打回来了，拿着这张照片找你爹去。记住，你爹叫马尚德。"

1949年，确山解放。孩子们也曾向路过的解放军部队打听马尚德的下落，但没有人知道这个陌生的名字，更不会想到这就是大名鼎鼎的杨靖宇烈士。一直到1951年，在杨靖宇生前的战友帮助下，有关部门历经波折找到了在河南省确山农村生活的杨靖宇烈士的儿子和女儿。孩子们也才知道，杨靖宇就是他们苦苦等待的父亲马尚德。

1953年，杨靖宇的儿子马从云与儿媳方秀云应邀来到哈尔滨参观访问。在哈尔滨的日子里，马从云见到了一些父亲当年在抗联的战友，从杨靖宇牺牲的地方带回一块桦树皮，一位抗联老战友将其送给马从云夫妇，对他们说："你父亲当年就是吃着这个和敌人打仗的。”从此，这块桦树皮就成了马家的传家宝。

杨靖宇在抗联的战友十分关心烈士遗孤，表示可以为马从云夫妇安排工作，但被他们婉言谢绝了，决定还是回到家乡。后来，马从云考上了信阳铁路学校，毕业后被分配到郑州铁路局工作。在铁路局他兢兢业业，埋头工作，临终前叮嘱妻子方秀云道：“咱是烈属，是抗日英雄的后代，咱家孩子可不能丢脸，可不能出孬种。”方秀云含辛茹苦地独自抚养5个子女，以严明的家风、家教，培养孩子们的品行和意志。

在严明家风的熏陶下，杨靖宇的孙子、孙女们从小就在心里树起了这样一个信条：爷爷是全家的骄傲，但绝不是后人可以依赖的资本。我们只有在岗位上好好工作，多为人民服务，才对得起爷爷。

后来，一位与杨靖宇将军生死与共多年的老战友给这5个孩子改了名字，名字中都有一个“继”字，从大到小依次是继光、继先、继传、继志、继民，意思就是希望他们永远不要忘了自己是杨靖宇烈士的后代，要继承先辈的光荣传统，做无愧于烈士的人。

“严要求、重责任、懂知足”，杨靖宇烈士的家风一代一代绵绵传续。2014年，方秀云家庭荣膺全国“最美家庭”。2016年10月30日，92岁的方秀云老人病逝，她的临终遗愿就是希望后辈继续把家风传承好，再苦再难也坚决不能以英雄后代的名义向组织提任何要求。

读后感：

____

____

____

____

克己奉公

杨善洲（1927年1月4日—2010年10月10日），男，汉族，中共党员，从事革命工作近40年，曾担任云南省保山地委领导。他两袖清风，清廉履职，忘我工作，一心为民，从不谋私搞特殊化。

1970年，三女儿杨慧琴，因家里缺粮，一家人靠野菜掺杂粮度日。乡民政干部经过看到这种情况，送去30斤救济大米和30斤粮票。杨善洲知道了，让妻子攒够了大米和粮票还给公家，他的妻子张玉珍用了差不多半年的时间才还清了这笔粮款。

大女儿杨慧菊结婚，杨善洲寄回30元钱，嘱咐妻子不准请客，不准收礼。二女儿杨慧兰结婚，杨善洲没有给一分钱。一年后二女儿有了孩子，他给了100元钱让女儿找木匠做个箱柜，装孩子的东西。三女儿杨慧琴结婚，杨善洲叮嘱她婚礼从简，并给了她1 000元钱，婚宴没有超过10桌。杨慧兰没能考上大学，想回施甸找点事情做。她报考了当地公安局，还特意给爸爸杨善洲打了电话，请他打个招呼。结果录取名单出来却没有她，原来杨善洲根本没打招呼。后来，杨慧兰和妹妹通过自己的努力考上了学校，毕业后有了固定的工作，她们的大姐杨慧菊仍然还在农村务农。

退休后，为了给家乡的群众做实事，离家近一点，杨善洲主动放弃进省城安享晚年的机会，扎根大亮山，义务植树造林。全家人慢慢明白了他对家人的爱。

杨善洲在大亮山上植树造林22年，建成面积5.6万亩、价值3亿元的林场，且将林场无偿上缴给国家。

读后感：

____

____

____

无私奉献

焦裕禄（1922 年 8 月 16 日—1964 年 5 月 14 日），男，汉族，山东淄博博山县北崮山村人。原兰考县委书记，干部楷模，中国共产党革命烈士。在兰考担任县委书记时所表现出来的“亲民爱民、艰苦奋斗、科学求实、迎难而上、无私奉献”的精神，被后人称为“焦裕禄精神”。

在日常生活中，焦裕禄对妻子和子女要求非常严格。他对妻子说，不能收受他人的任何东西，不能占公家一点便宜。焦家子女多，20 世纪 60 年代初，国家的粮食供应也很紧张，焦家午饭几乎固定是一锅普普通通的面条，加上窝窝头或红薯。有一天，焦裕禄下班回家，妻子给他端来一碗大米饭，上面还拌了点儿红糖，亮晶晶的大米饭很是诱人。当时兰考不生产大米，粮食供应中 70% 是粗粮，剩下的给一点儿白面，哪里会有大米呢？他问妻子：“这是从哪里来的？”妻子告诉他：“这是县委办公室考虑到你身体不好需要照顾送来的。”

焦裕禄给每个孩子的碗里拨了一筷子米饭，端着还剩下大半碗米的碗，对妻子说：“我们不是最需要照顾的，这个以后咱们不能吃了，你把这些给那两个研究泡桐树的南方大学生送去吧。”

焦裕禄不仅自己不搞特殊，还时常通过生活上的小事教育家人起到带头作用。刚到兰考工作时，焦裕禄的妻子和儿女都跟着他住在县委大院。有一次，他看到妻子到县委食堂提了一壶开水，就把妻子严肃地批评了一顿。焦裕禄说：“这个开水，你提了用，你可是方便了，但你是县委书记的老婆，不能带头破坏了办公的秩序。”一壶开水事小，但这使他意识到，干部家属住在县委大院可能带来很多不利的影响。因此，经他提议，所有住在县委大院的家属全部搬了出去。

焦裕禄的大女儿焦守凤初中毕业后没考上高中，成了待业青年。县委书记的女儿在家待业，自然引起了一些单位的关注。那时候教育普及程度低，初中毕业也算是个小知识分子了，这些单位提供的岗位从县委干事到学校老师，从打字员到话务员，都是很体面的工作，焦守凤觉得这些单位都挺好，但父亲迎头泼了一盆冷水：干部子女不能去好单位，这是他当了县委书记后给县里干部定的规矩，自己必须带头遵守。结果，焦守凤被安排到了县食品厂，这个食品厂实际就是一个酱菜厂。焦裕禄亲自送女儿报到，不是为了让厂领导照顾女儿，而是为了叮嘱厂领导："不能因为是县委书记的女儿，就给她安排轻便活，要和其他进厂的工人一样对待。"

虽然适应了酱菜厂的工作，但焦守凤并不理解父亲的做法。焦裕禄的病情越来越重，临终时，他将自己从旧货市场买来的手表亲手戴在焦守凤的手上，向她道歉，嘱咐她要好好工作，帮助妈妈照顾弟妹们。焦裕禄病逝后遗体运回兰考安葬。那天，整个兰考县城万人空巷，街道两边挂满挽联，兰考人民无限悲痛，自发为他送葬，争着要再看焦书记一眼，从火车站到墓地不到 1 500 米，运棺木的车子整整走了两个半小时。

这一幕深深打动了焦守凤，她最终明白了为什么兰考人民对父亲有这么深厚的感情，那是因为父亲一生清廉，从来不搞特权，始终和兰考人民同呼吸共命运。从那以后，父亲当年对她说的那句话——"书记的女儿不能高人一等，只能带头艰苦，不能有任何特殊"，时时回荡在她的耳边，成为她一直坚守的家规。

读后感：

____

____

____

____

艰苦奋斗

龚全珍是开国将军甘祖昌的夫人，第四届全国道德模范、全国优秀共产党员、“最美奋斗者”称号获得者。

1923 年 12 月，龚全珍出生于山东烟台的一个邮电工人家庭。1952 年，她经人介绍与甘祖昌相识。1957 年 8 月，龚全珍随甘祖昌回到家乡江西省莲花县务农，并一直从事乡村教师工作。离休后，又扶贫助学，开办“龚全珍工作室”服务社区、群众。

1986 年 3 月 28 日，甘祖昌因病在莲花县逝世，终年 81 岁。甘祖昌走后，龚全珍住进县民政局幸福院，在幸福院的几年里，她把自己当成了工作人员，拿出工资给大家购买营养品，自己动手擦地板、缝补衣服，还主动资助困难学生和困难家庭。

数十年间，龚全珍捐赠、资助困难家庭达 10 余万元，受助家庭达 30 多户，受助人数达 100 多人，而她本人的月收入只是 3 000 元的离休工资。

受父母的影响，龚全珍的子女也传承了红色家风，在平凡的岗位上干出了不平凡的业绩。尤其是三女儿甘公荣，时刻牢记父亲的嘱托，在母亲潜移默化的影响下，工作中勤勤恳恳、兢兢业业，生活中与人为善、乐于助人。

甘公荣退休后，还积极协助母亲龚全珍开展慈善公益活动，曾获得全国劳动模范、全国三八红旗手、江西省优秀共产党员等称号。2016 年 12 月，甘公荣与母亲龚全珍一起生活的家庭被评为第一届“全国文明家庭”。2022 年，甘公荣被评为“最美巾帼奋斗者”。

读后感：

____

____

____

清廉正直

谷文昌（1915—1981），河南林州人。1944年加入中国共产党。20世纪50年代，谷文昌任东山县委书记期间，面对恶劣的自然环境和人民群众摆脱贫困的热切期盼，他带领东山人民战风沙、筑堤坝、修水渠、建水库、绿海岛；在文化上抓教育、扫文盲；在经济上大力发展种植业、捕捞业、养殖业。

谷文昌心中有党、心中有民、心中有责、心中有戒。他严格要求自己，虽然身为分管林业工作的副厅长，他的生活却极其简朴，家里连张像样的桌子都没有，饭桌是几张凳子并在一起拼成的。

一名拜访过谷文昌的干部托人用木麻黄做了一张小饭桌，给谷文昌送去，谷文昌让人送了回去。妻子史英萍建议添置点家具，他只买了几张竹子做的凳子、藤条编的椅子和一张石板做的桌子。谷文昌去世后，史英萍依然过着清贫的生活，省吃俭用，资助了30多位特困生，被群众誉为“特困大学生的好母亲”，先后获得福建省首届“感动教育”十大杰出人物等荣誉称号。

谷文昌严格管教子女。大女儿谷哲慧穿打补丁的裤子，能吃苦，下乡睡地铺，没有一丁点儿千金小姐的脾气，从临时工转为正式工用了15年。大儿子谷豫闽待人真诚，心地善良，一生朴素、节俭，住的房子也不大，家里也没有值钱的家具。三女儿谷哲芬退休时是副主任科员，四女儿谷哲英退休时是漳州市工商局的一名普通职工，小儿子谷豫东也是一名普通员工。谷豫东的妻子杨小云退休后，接过史英萍老人的爱心接力棒，为关心下一代事业贡献力量。

读后感：

______

______

______

家风传承

廖俊波（1968 年 8 月—2017 年 3 月 18 日），男，汉族，1968 年 8 月出生，福建浦城县人。廖俊波同志生前是福建省南平市委常委、南平市人民政府副市长、党组成员，武夷新区党工委书记，曾任政和县委书记，2015 年 6 月被中央组织部授予“全国优秀县委书记”称号。

习近平总书记评价他：“不忘初心、扎实工作、廉洁奉公”；人民群众视他为“阳光”“人民的‘樵夫’”；让我们一同展开廖俊波的家书，重温背后的故事，感受一名优秀共产党员的初心坚守与家风传承。

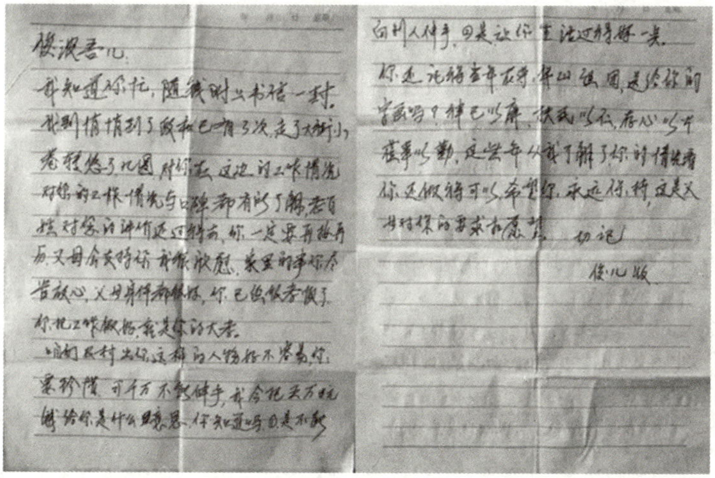

读后感：

诚信立家

黄政清是营口人，大学毕业后留在天津工作，2010 年被公司外派到宁夏银川分公司。为了工作方便，2011 年他与公司共同出资，买了一台大众轿车。

2013 年 3 月 4 日，同事小赵向黄政清借车回老家给母亲办低保。不料小赵超速驾驶导致发生车祸，导致对方一死一伤，对方提出 62 万元的赔偿。黄政清的车只保了交强险，保险公司只负责赔付 11 万元，肇事者负担剩余赔款的 95%，车主负担 5%。黄政清收到消息后，赶紧联系远在营口的父亲黄来佳。黄父接到电话，马上放下手头工作，与妻子李秀梅一起登上了去宁夏的火车，然后和黄政清乘车到了小赵在吴忠市的农村老家。看到小赵老家的破平房、黄泥墙、瘫痪在床的父亲和重病在身的母亲，黄父决定承担全部赔偿款，母子俩也不约而同地点头。

黄父是平二房小学的校长，他打电话给副校长罗明丽，请她帮忙尽快筹钱。黄父平时就乐于助人，大伙听说他需要钱，20 多人凑了 51 万元，连欠条都没有打。

2013 年 5 月，黄来佳夫妇回到营口。10 月 23 日傍晚，57 岁的黄来佳回到家觉得胸闷，他让妻子倒杯水。水还没端上来，他就因急性心梗倒在地上，再没有醒来。

听到父亲突然去世的消息，黄政清和姐姐黄亚丽连夜从天津赶回。母子三人感念众人无私帮助的情分，卖掉了天津的房子和家里值钱的东西，把现金送到罗明丽手中。

众人听说黄校长去世不到一个月，他的家人就来还钱，坚持不要这笔钱。母子坚决把钱还给所有的人。

2016 年 12 月 12 日，第一届全国文明家庭表彰大会在京举行，黄政清作为全国文明家庭的代表之一，受到了中共中央总书记、国家主席、中央军委主席习近平的亲切接见。

读后感：

____

____

____

家风是最好的遗产，是给
子孙最宝贵的精神财富。

专题五

家训——经世致用

希望大家注重家风。家风是社会风气的重要组成部分。家庭不只是人们身体的住处，更是人们心灵的归宿。家风好，就能家道兴盛、和顺美满；家风差，难免殃及子孙、贻害社会，正所谓“积善之家，必有余庆；积不善之家，必有余殃”。诸葛亮诫子格言、颜氏家训、朱子家训等，都是在倡导一种家风。毛泽东、周恩来、朱德同志等老一辈革命家都高度重视家风。我看了很多革命烈士留给子女的遗言，谆谆嘱托，殷殷希望，十分感人。

——习近平《论党的宣传思想工作》，中央文献出版社 2020 年版，第 283 页

专题导入

后世子孙仕宦，有犯赃滥者，不得放归本家；亡殁之后，不得葬于大茔之中。不从吾志，非吾子孙。

一、家训的概念

家训是家族传统、价值观念和行为规范的总称，是代代相传的家庭教化和家族文化的体现，一般是由一个家族所遗传下来的教育后代子孙的准则。家训通过口头或书面传承，旨在引导家庭成员树立正确的人生观、价值观和行为准则，促进家庭成员的道德品质和品行修养。

家训在中国形成已久，作为一种家庭教育的形式，是维系和发展一个家庭不可或缺的精神纽带，也是中国传统文化的一部分，对个人、家庭乃至整个社会都有良好的作用。

二、家训的内容

家训作为中华文化的重要组成部分，承载着家庭道德教育、家族传统价值观、行为规范与礼仪、祖训智慧与故事、传承与创新意识、社会责任与担当、家族荣誉与团结，以及修身齐家、治国平天下的丰富内涵，为家族成员的成长和发展提供了有力支持，也为家族的长久传承和社会和谐稳定做出了积极贡献。

家训通常涵盖多个方面的内容，旨在引导家庭成员树立正确的人生观、价值观和行为准则。

（1）孝道：强调尊敬父母、孝顺长辈，培养家庭成员的孝心和家族观念。

（2）诚信：强调诚实守信、言行一致，培养家庭成员的诚信品质和道德修养。

（3）勤俭节约：强调勤劳、勤俭、节约、精打细算，培养家庭成员的节俭意识和经济观念。

（4）友爱团结：强调互助友爱、团结合作，促进家庭成员之间的和谐相处和团结合作。

（5）忠诚正直：强调忠于信仰、正直坦荡，培养家庭成员的忠诚品质和正直态度。

（6）重视教育：强调教育的重要性、知识改变命运，激励家庭成员珍惜学习机会，追求知识和智慧。

（7）感恩奉献：强调感恩于人、乐于奉献，培养家庭成员的感恩之心和社会责任感。

（8）自律自强：强调自律自强、勇于担当，促进家庭成员的自我管理和自我提升。

（9）尊重礼仪：强调尊重礼仪、尊重他人，培养家庭成员的礼貌和尊重意识。

（10）乐观向上：强调乐观向上、积极进取，激励家庭成员面对挑战、勇往直前。

三、家训的意义

家训作为家族传承的智慧结晶，对于家族成员的成长和家族的持续发展具有不可替代的作用。

（1）传承家族文化：家训承载着家族的智慧和传统，是家族文化的重要传承方式，帮助家庭成员了解和尊重家族的历史与价值观念。

（2）培养良好品德：家训教导家庭成员诚实守信、孝敬父母、尊重长辈等美德，促进家庭成员的品行修养和道德素质的提升。

（3）打造家庭凝聚力：家训强调家庭成员之间的互助、团结和关爱，促进家庭成员之间的关系和谐，增强家庭的凝聚力和稳定性。

（4）引导个人成长：家训指导家庭成员树立正确的人生观和人生目标，激励他们积极向上、追求自我实现，促进个人的全面发展。

《诫子书》

【原文】

夫君子之行，静以修身，俭以养德。非淡泊无以明志，非宁静无以致远。夫学须静也，才须学也，非学无以广才，非志无以成学，淫慢则不能励精，险躁则不能治性，年与时驰，意与日去，遂成枯落，多不接世，悲守穷庐，将复何及！

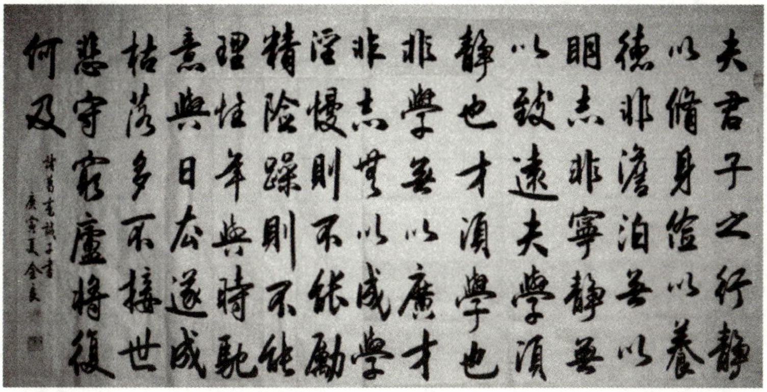

【译文】

有道德修养的人，依靠内心安静来修养身心，以俭朴节约财物来培养自己高尚的品德。不恬静寡欲无法明确志向，不排除外来干扰无法达到远大目标。学习必须静心专一，而才干来自勤奋学习，如果不学习就无法增长自己的才干，不明确志向就不能在学习上获得成就。纵欲放荡、消极怠慢就不能勉励心志使精神振作；冒险草率、急躁不安就不能修养性情。年华随时光而飞驰，意志随岁月逐渐消逝。最终枯败零落，大多不接触世事、不为社会所用，只能悲哀地困守在自己穷困的居舍里，到时悔恨又怎么来得及？

诸葛亮（181—234），字孔明，号卧龙，徐州琅琊阳都（今山东省沂南县）人，三国时期蜀汉丞相，中国古代杰出的政治家、军事家、发明家、文学家。其代表作有《隆中对》《出师表》《诫子书》，曾发明木牛流马、孔明灯等，并改造连弩，叫作诸葛连弩，可一弩十矢俱发。建兴十二年（234年）病逝于五丈原（今陕西省宝鸡市岐山境内），享年五十四岁。后主刘禅追谥为忠武侯，后世常以“武侯”尊称。东晋桓温追封为“武兴王”。

读后感：

《朱子家训》

【原文】

君之所贵者，仁也。臣之所贵者，忠也。父之所贵者，慈也。子之所贵者，孝也。兄之所贵者，友也。弟之所贵者，恭也。夫之所贵者，和也。妇之所贵者，柔也。事师长贵乎礼也，交朋友贵乎信也。

见老者，敬之；见幼者，爱之。有德者，年虽下于我，我必尊之；不肖者，年虽高于我，我必远之。慎勿谈人之短，切莫矜己之长。仇者以义解之，怨者以直报之，随所遇而安之。人有小过，含容而忍之；人有大过，以理而谕之。勿以善小而不为，勿以恶小而为之。人有恶，则掩之；人有善，则扬之。

处世无私仇，治家无私法。勿损人而利己，勿妒贤而嫉能。勿称忿而报横逆，勿非礼而害物命。见不义之财勿取，遇合理之事则从。诗书不可不读，礼义不可不知。子孙不可不教，童仆不可不恤。斯文不可不敬，患难不可不扶。守我之分者，礼也；听我之命者，天也。人能如是，天必相之。此乃日用常行之道，若衣服之于身体，饮食之于口腹，不可一日无也，可不慎哉！

【译文】

当国君所珍贵的是“仁”，爱护人民。当人臣所珍贵的是“忠”，忠君爱国。当父亲所珍贵的是“慈”，疼爱子女。当儿子所珍贵的是“孝”，孝敬父母。当兄长所珍贵的是“友”，爱护弟弟。当弟弟所珍贵的是“恭”，尊敬兄长。当丈夫所珍贵的是“和”，对妻子和睦。当妻子所珍贵的是“柔”，对丈夫温顺。侍奉师长要有礼貌，交朋友应当重视信用。

遇见老人要尊敬，遇见小孩要爱护。有德行的人，即使年纪比我小，我一定尊敬他。品行不端的人，即使年纪比我大，我一定远离他。不要随便议论他人的缺点；切莫夸耀自己的长处。对有仇隙的人，用讲事实摆道理的办法来解除仇隙。对埋怨自己的人，用坦诚正直的态度来对待。无论是得意或顺意或困难逆境，都要平静安详，不动感情。他人有小过失，要谅解容忍！他人有大错误，要按道理劝导帮助。不要因为是细小的好事就不去做，不要因为是细小的坏事就去做。他人做了坏事，应该帮助他改过，不要宣扬他的恶行。他人做了好事，应该多加表扬。

待人办事没有私人仇怨，治理家务不要另立私法。不要做损人利己的事情，不要妒忌贤才和嫉视有能力的人。不要声言忿愤对待蛮不讲理的人，不要违反正当事理而随便伤害人和动物的生命。不要接受不义的财物，遇到合理的事物要拥护。不可不勤读诗书，不可不懂得礼义。子孙一定要教育，童仆一定要怜恤。一定要尊敬有德行、有学识的人，一定要扶助有困难的人。这些都是做人应该懂得的道理，每个人尽本分去做才符合“礼”的标准。这样做也就完成天地万物赋予我们的使命，顺乎“天命”的道理法则。

朱熹（1130—1200），字元晦，一字仲晦，号晦庵，又号紫阳，世称晦庵先生、朱文公。祖籍徽州府婺源县（今江西省婺源县），出生于南剑州尤溪（今福建省尤溪县），南宋理学家、哲学家、思想家、政治家、教育家、诗人。

朱熹幼年丧父，随母定居崇安（今福建省武夷山市），依父友刘子羽生活，受业于胡宪、刘勉之、刘子翚三先生。绍兴十八年（1148年），赐同进士出身，曾任江西南康、福建漳州知府、浙东巡抚。庆元六年（1200年）逝于家中，谥号为文。

朱熹是唯一非孔子亲传弟子而享祀孔庙的人，位列大成殿十二哲者，其思想对元、明、清三朝的官方哲学有深刻影响。著有《四书章句集注》《太极图说解》等。其中，《四书章句集注》成为钦定的教科书和科举考试的标准。

读后感：

《颜氏家训》

【原文】

夫圣贤之书，教人诚孝，慎言检迹，立身扬名，亦已备矣。魏、晋已来，所著诸子，理重事复，递相模学，犹屋下架屋，床上施床耳。吾今所以复为此者，非敢轨物范世也，业以整齐门内，提撕子孙。夫同言而信，信其所亲；同命而行，行其所服。禁童子之暴谑，则师友之诫，不如傅婢之指挥；止凡人之斗阋，则尧、舜之道，不如寡妻之诲谕。吾望此书为汝曹之所信，犹贤于傅婢寡妻耳。

【译文】

古代圣贤著书立说的目的是教育人们要忠诚孝顺，不随便说话，行为要端庄稳重，创立宏伟大业以成就一世英名。这些道理古人已经说得很详尽了。自魏、晋以来，阐述古代先哲明圣思想的著作，道理和内容都是重复雷同的，相互模仿，就如同屋里建屋，床上放床，实在是多余。我现在又写这样的书，并不敢拿它做一般人的行为规范，只是用来整顿自家的门风，让后辈警醒罢了。同样的一句话，有的人相信，因为相信他们所亲近的人；同样的一个命令，有的人会去执行，因为下命令的人是他们所信服的人。禁止小孩子过于淘气，师友的劝诫抵不过婢女的命令；制止兄弟之间的争斗，尧、舜的言传身教比不上他们妻子的训导与规劝。我希望这本书里面的道理能让你们信服，也希望它所起的作用胜过婢女对孩童、妻子对丈夫的作用。

颜之推（531—约 597），字介，生于江陵（今湖北省江陵县），祖籍琅邪临沂（今山东省临沂市），南北朝时期文学家、教育家。十九岁被任为国左常侍，历二十年，官至黄门侍郎；北齐灭后被北周

征为御史上士，北周被取代后仕隋，开皇年间被召为学士，约于开皇十七年（597 年）因病去世。

读后感：

____

____

____

____

《家训百字铭》

【原文】

孝道当竭力，忠勇表丹诚；兄弟互相助，慈悲无过境。勤读圣贤书，尊师如重亲；礼义勿疏狂，逊让敦睦邻。敬长与怀幼，怜恤孤寡贫；谦恭尚廉洁，绝戒骄傲情。字纸莫乱废，须报五毂恩；作事循天理，博爱惜生灵。处世行八德，修身率祖神；儿孙坚心守，成家种义根。

【译文】

尽孝道当竭尽全力，忠诚勇敢怀有赤诚之心；兄弟姐妹互相帮助，要知慈悲是没有度量，没有尽头。勤奋学习研读圣贤书，像敬重父母一样尊敬师长；懂礼仪知谦让，切勿疏忽轻狂，谦逊忍让、态度宽厚和善，邻里方和睦。尊敬长辈关怀幼小，体恤鳏寡孤独与弱势群体；谦恭廉明，戒骄戒躁，才能树立威信，为人信服。要知勤俭节约过生活，常怀感恩心；能够顺应天理、慈悲为怀，才能广种资粮，普利群荫。处世“八德”是准则，后世应当谨遵前人教诲；以家训为戒，才能发扬祖业，有所作为。

范仲淹（989—1052），字希文，祖籍邠州，后移居苏州吴县。北宋初年政治家、文学家，皇祐四年（1052 年），改知颍州，在扶疾上任的途中逝世，年六十四。累赠太师、中书令兼尚书令、楚国公，谥号“文正”，世称范文正公。

读后感：

《家范》

【原文】

为人母者，不患不慈，患于知爱而不知教也。古人有言曰："慈母败子"。爱而不教，使沦于不肖，陷于大恶，入于刑辟，归于乱亡，非他人败也，母败之也，自古及今，若是者多矣，不可悉数。

【译文】

做母亲的，不担心不慈爱，担心的是懂得慈爱却不懂得教育。古人曾说过："慈母败子"。慈爱却不教育，使子女变得不成材，堕落成为品行不好的人，遭受刑罚，走向灭亡，这不是别人使他一生失败，是他母亲让他失败啊。从古到今，像这样的事情太多了，不能详细地一个一个叙说。

司马光（1019—1086），字君实，号迂叟，世称涑水先生。陕州夏县涑水乡（今山西省夏县）人，生于光州光山（今河南省光山县）。北宋政治家、史学家、文学家。宋仁宗宝元元年（1038年）中进士甲科。先后任谏议大夫、翰林院学士、御史中丞等职，著《资治通鉴》。元祐元年（1086年）病逝，享年六十八岁。获赠太师、温国公，谥号"文正"。

《家范》为历代推崇为家教的范本，全书共十九篇，系统地阐述了封建家庭的伦理关系、治家原则，以及修身养性和为人处世之道。

读后感：

____

____

____

____

《放翁家训》

【原文】

后生才锐者，最易坏。若有之，父兄当以为忧，不可以为喜也。切须常加简束，令熟读经学，训以宽厚恭谨，勿令与浮薄者游处。自此十许年，志趣自成。不然，其可虑之事，盖非一端。吾此言，后生之药石也，各须谨之，毋贻后悔。

【译文】

才思敏捷的孩子，最容易学坏。倘若有这样的情况，做长辈的应当把它看作忧虑的事，不能把它看作可喜的事。一定要经常加以约束和管教，让他们熟读儒家经典，训导他们做人必须宽容、厚道、恭敬、谨慎，不要让他们与轻浮浅薄之人来往。就这样十多年后，他们的志向和情趣会自然养成。不这样的话，那些可以担忧的事情就不会只有一个。我这些话，是年轻人治病的良药，都应该谨慎对待，不要留下遗憾。

陆游（1125—1210），字务观，号放翁，越州山阴（今浙江省绍兴市）人。南宋时期文学家、史学家、爱国诗人。尚书右丞陆佃之孙。主持编修孝宗、光宗《两朝实录》和《三朝史》，嘉定二年（1210年），与世长辞，享年八十五岁，留下绝笔诗《示儿》。

读后感：

林则徐家训

（1）父母不孝，奉神无益：如果一个人不孝顺父母，那么即使他拜神求佛，也是无益的。

（2）兄弟不和，交友无益：如果兄弟之间不和睦，那么即使他交再多的朋友，也是无益的。

（3）存心不善，风水无益：如果一个人心地不善，那么即使他讲究风水，也是无益的。

（4）行止不端，读书无益：如果一个人的言行举止不端正，那么即使他读再多的书，也是无益的。

（5）心高气傲，博学无益：如果一个人心高气傲，那么即使他学问再多，也是无益的。

（6）做事乖张，聪明无益：如果一个人做事偏执，不讲情理，那么即使他再聪明，也是无益的。

（7）时运不济，妄求无益：如果一个人时机未到，强求也是无益的，应该顺其自然。

（8）妄取人财，布施无益：如果一个人巧取豪夺他人的钱财，那么即使他再施舍，也是无益的。

（9）不惜元气，医药无益：如果一个人不珍惜自己的身体，过度消耗元气，那么即使他吃再多的药，也是无益的。

（10）淫恶肆欲，阴骘无益：如果一个人生活放纵奢侈、荒淫无度，那么即使他屡屡行善多积阴德，也是枉然无益的。

读后感：

林氏家训

家国篇 （1）干国家事，读圣贤书。（2）振作那有闲时，少时壮时老年时，时时须努力；成名原非易事，家事国事天下事，事事要关心。（3）振刷精神担当宇轴，成些事业垂裕后昆。

修养篇 “从来人品恭能寿，自古文章正乃奇。”此联告诫后人要恭和宽厚才能健康长寿，写文章也要浩然正气才能出奇制胜。

处世篇 “能不为息患挫志，自不为安乐肆志；在官无傥来一金，居家无浪费一金。”不能因为没有了忧患而松懈奋发向上的意志；做官不得非分侥幸猎取一文钱，居家不得浪费一文钱。

立业篇 “振乃家声，好就孝悌一边做去；成些事业，端从勤俭二字得来。”要振起家声，应当孝顺父母、敬爱兄长；凡能成就些事业，都是从勤和俭中得来的。

气节篇 （1）春托风生兰知领未，静无人至竹亦欣然。（2）带经耕绿野，爱竹啸名园。

在福建省龙岩市的永定区洪坑镇洪坑村庆成楼内，有一座全国第一个全面展示客家人家训、家规的专题馆——客家家训馆，林氏家训便在其中。

客家人在南迁途中定居后，由家族开基祖或家族中德高望重的先祖制订家规、家训，一些家族还把家训以楹联的形式镌刻、张贴在他们居住的土楼门框及厅堂墙上，使子孙后代耳濡目染，日益熏陶。

客家人无论迁徙到何处都会带上族谱家训，不断延续完善。客家祖训家规就像是一颗种子，随着客家人行走天下的脚步，飘落到天涯海角生根发芽，教化一代代客家儿女饮水思源、情系乡邦。

读后感：

梁启超家训

（1）莫问收获，但问耕耘。这句话鼓励子孙后代在做事时应该注重过程而不是结果，只要努力付出，就会有收获。

（2）不要填鸭式的教育。梁启超主张教育应该启发孩子的兴趣和独立思考的能力，而不是强制灌输知识。

（3）与子女做朋友。他提倡与孩子建立亲密的亲子关系，通过沟通和理解来增进彼此的感情。

（4）做家长要有趣味，养出的孩子才能有趣味。梁启超认为，家长自身的兴趣和爱好会影响到孩子，因此，家长应该有自己的生活情趣。

（5）做人要有几分“孩子气”。这并不是指真正的幼稚，而是指保持一颗纯真、善良、好奇的心。

（6）做学问总要“猛火熬”和“慢火炖”交替循环。这是指在学习和研究过程中，既要有刻苦钻研的精神，也要有耐心和毅力。

（7）做官不是安身立命之所。梁启超认为，做官并不是人生的唯一目标，也不是衡量一个人价值的唯一标准。

（8）尽责尽力，就是第一等人物。他强调无论做什么事情，都要尽心尽力，这样才能成为真正有价值的人。

（9）对于功课绝不责备。梁启超认为，责备会打击孩子的自信心和积极性，不利于孩子们的成长。

（10）通达、健强的人生观，是保持乐观的要诀。他鼓励孩子们要有开阔的视野和坚强的意志，这样才能在面对困难和挫折时保持积极乐观的态度。

读后感：

____

____

____

赵一曼家书

宁儿：

母亲对于你没有能尽到教育的责任，实在是遗憾的事情。母亲因为坚决地做了反满抗日的斗争，今天已经到了牺牲的前夕了。母亲和你在生前是永久没有再见的机会了。希望你，宁儿啊！赶快成人来安慰你地下的母亲！我最亲爱的孩子啊！母亲不用千言万语来教育你，就用实行来教育你。

在你长大成人之后，希望你不要忘记你的母亲是为国而牺牲的！

一九三六年八月二日

你的母亲赵一曼于牢中

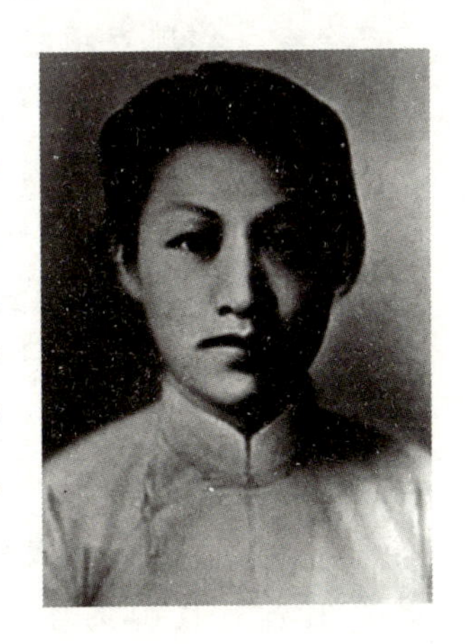

赵一曼（1905 年 10 月—1936 年 8 月），原名李坤泰，学名李一超，人称李姐。四川省宜宾县白花镇人。中国共产党党员，抗日民族英雄，曾就读于莫斯科中山大学，毕业于黄埔军校六期。赵一曼于 1935 年担任东北抗日联军第三军第一师二团政委，在与日寇的斗争中于 1936 年 8 月被捕就义。

读后感：

____

____

____

____

孔繁森家书

玲玲：

你的来信爸爸收到了，已了解到目前你的处境。我想这是必然的，这是你独立生活的第一步，遇到这些困难是预料之中的事。爸爸第一次出远门当兵到济南，正好比你小半岁。我1961年当兵，可以说对于城市生活什么都不懂。第二年入团。1964年在周总理的邀请下，去北京参加了全国的国庆观礼活动。就在这一年我加入了中国共产党，也填补了咱们家祖辈没有参加共产党的空白。当时我是带着你大娘从张庄借的七元钱上路的，而当兵的第一年我就节约了五十元钱寄回了老家……

玲玲，你现在填补了咱家没有正式大学生的空白。你考上了大学，了却了爸爸盼望已久的心事。今天实话告诉女儿，自从你考入中学以后，我就把盼望你上大学的愿望埋在了心底。回想往事，爸爸觉得你的成长至少有两点值得我总结。一是由于我的工作环境，朋友多、同事多、工作调动频繁，虽然影响了你的学习，但也使你接触社会太早，成熟过早。二是我要求你们几个孩子太严了，望子成龙的心情过于迫切，从现在看大有好处，不然的话，这个环境对你们不利。

我看过不少名人自传和他们的成长过程，比如居里夫人、宋庆龄主席、我国医学专家林巧稚等，她们的出身有的是贵族，有的是贫民，但她们却有个共同的条件，一是家教比较严，二是性格内向，三是有自己的奋斗目标。

爸爸不盼望你当什么名人，而想让你尽早成为一个人格、素质俱佳的对社会有用的人，这既是社会的需要，也是家庭的需要。爸爸知道你是一个十分要强的人，而且也有雄心壮志，我相信你一定会成长为一个有出息的人。我肯定地说，爸爸没法和你比。

爸爸文化低，有时候工作起来就有点力不从心，这个“力”

就是科学文化的力量。

爸爸多么渴望有这种强大的力量来支撑我，但小时候没这个条件，已与它失之交臂了。我现在只能在祖国需要的地方，在党安排的岗位上踏踏实实地做点贡献。

对此，爸爸也是壮心不已。爸爸还不到五十岁（1944 年生，1993 年四十九周岁），还能陪伴着你们年轻人跑一程。

玲玲，我本应早点给你去信，但在你和你妈妈走后的第三天下午，我就做了手术。今天刚下床，不久就回阿里。躺在床上，才能静下心来想好多事，也想到了我的女儿。所以，今天就写了这几个字。

除去学习锻炼身体外，有时间看点文学和历史，善于和不同性格的同学交交朋友。

夜深了，病友们都睡着了，我也要躺一会儿。

爸爸：孔繁森

1993 年 9 月 20 日于医院中

孔繁森（1944 年 7 月—1994 年 11 月），山东聊城人，孔子第 74 代孙。孔繁森 18 岁参军，1966 年加入中国共产党。1969 年复员后，他先当工人，后被提拔为国家干部。1979 年，赴西藏工作。1994 年 11 月 29 日，他完成任务返回阿里途中，不幸发生车祸，以身殉职，时年 50 岁。2009 年 9 月 10 日，被评为 100 位“新中国成立以来感动中国人物”之一。

读后感：

家训、家书，都是立身处世、建功立业的典范。

践行——薪火相传

我们从事的是前无古人的伟大事业，守正才能不迷失方向、不犯颠覆性错误，创新才能把握时代、引领时代。

全面建设社会主义现代化国家，是一项伟大而艰巨的事业，前途光明，任重道远。

我们必须增强忧患意识，坚持底线思维，做到居安思危、未雨绸缪，准备经受风高浪急甚至惊涛骇浪的重大考验。前进道路上，必须牢牢把握以下重大原则：坚持和加强党的全面领导，坚持中国特色社会主义道路，坚持以人民为中心的发展思想，坚持深化改革开放，坚持发扬斗争精神。

——2022 年 10 月 16 日，习近平在中国共产党第二十次全国代表大会上的报告

专题导入

2023 年 4 月初，为深入学习宣传贯彻党的二十大精神，持续巩固深化新风正气福建“名片”活动实效，省纪委监委、省委宣传部、省委文明办联合印发《以“存正心、守正道、养正气”为主题提升拓展新风正气福建“名片”工作方案》。

2023 年 5 月，为推动学习贯彻习近平新时代中国特色社会主义思想主题教育走深走实，在巩固深化教育系统“坚守立德树人初心，办好人民满意教育”新风正气福建“名片”的基础上，省委教育工委围

绕“存正心、守正道、养正气”主题，引导广大党员干部开展内容丰富、形式多样的“名片”践行活动，让新风正气感染激励广大师生员工，并转化为服务师生的行动自觉。

“存正心”即坚定信仰凝心聚力、坚决做到“两个维护”；“守正道”即正风肃纪严守规矩、推进建设中国式现代化；“养正气”即踔厉奋发勇毅前行、团结奋斗为民造福。贯彻落实到家庭、家教、家训建设上，“存正心”就是要建设最美家庭，“守正道”就是要培养最好家风，“养正气”就是要寻找最美邻居。

一、存正心，建设最美家庭

存正心是指要时刻保持内心的平静和纯净，不受外界的干扰和诱惑，强修养、重教养、高涵养。建设最美家庭则是指在家庭中营造和谐、温馨、互助的氛围，培养家庭成员之间的亲情和理解。

存正心是建设最美家庭的基础，建设最美家庭是存正心的最好实践。

1. 强修养，勤翻书

有修养要做到不言而自信，不怒而威严，不骄而清正，不躁而平和。

强修养就要勤读书。读书，可以拓宽视野，提升自我，成为更好的自己；读书，可以滋养内心，让我们在困境中找到前进的动力；读书，可以锻炼思维，学会批判性思考和创造性思维；读书，可以寄托情感，找到共鸣和安慰。

强修养还要善读书。读书，需要热爱与坚持，要把读书与运用相结合。坚持每天读书，养成阅读的习惯。

2. 重教养，少翻脸

重教养是礼貌、谦恭、尊重他人；少翻脸是多沟通、陪伴、尊重、理解。重教养就要少翻脸。

（1）要学会把最好的情绪留给最亲的人，才能让一个家充盈爱意，回归温暖。

（2）要学会倾听。倾听如同一曲无声的旋律，比千言万语更能打动人心。它是一种无声的表达，是将心比心，代表着接纳和理解。

（3）要慎言。慎言是一种教养，沉默是一种智慧，也是一种对人生最高境界的领悟。水深不语，人稳不言，这是一种真正成熟且有修养的表现。

3. 高涵养，懂翻篇

高涵养是要坚定诚信、与人为善、控制情绪、谦虚、关心周围人。高涵养就要懂翻篇。

在处理家庭关系时，如果总是因为琐事而争吵，一旦爆发家庭矛盾，彼此就会没完没了地翻旧账。新仇旧恨层层叠叠，让原本无伤大雅的小争执，变成了难以解决的大麻烦。

家长对孩子每次翻旧账，都是对孩子的负面暗示。父母懂得翻篇，孩子才能学会宽容和理解，家庭关系就会变得更加紧密；孩子要懂得翻篇，才能不被负面暗示影响，轻装前进。

二、守正道，培养最好家风

守正道是指要坚守自己的信仰和道德底线，不因为外界的压力而妥协；培养最好家风是指在家庭中树立良好的家庭价值观和行为准则，促使家庭成员相互尊重、理解、支持和关爱，共同营造和谐、温馨、幸福的家庭氛围。

守正道是培养最好家风的基础。守正道要求人们说出的话和做出的事情与自己的信仰和道德相符，要守法纪、算好账、带好头、不做违背良心的行为。

1. 守法纪，辨是非

开车不守交通规则，公路上会血流成河；做人不遵纪守法，社会上会一片混乱；当兵不守军纪军规，战场会溃不成军。

守法纪，辨是非要做到知敬畏、存戒惧、守底线，时刻绷紧遵纪守法这根弦，坚持用党纪国法来约束自己的行为，不逾规、不违纪，只有这样才能防止自己滑向违法违纪的深渊。

2. 算好账，慎为之

算好账，慎为之就是要算好政治账、经济账、名誉账、家庭

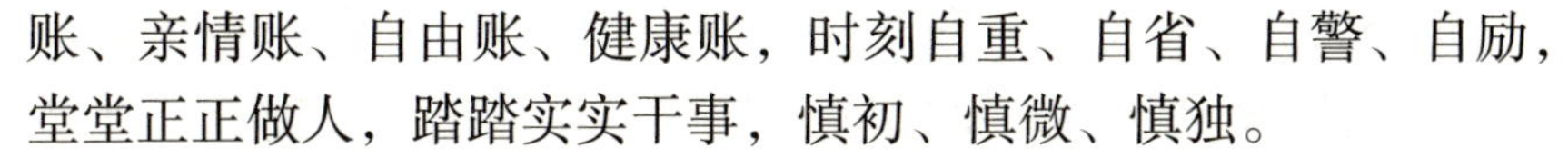

账、亲情账、自由账、健康账，时刻自重、自省、自警、自励，堂堂正正做人，踏踏实实干事，慎初、慎微、慎独。

（1）要慎初，谨防“温水煮青蛙”，守住第一道防线，“一念之欲不能制，而祸流于滔天”。“第一次”是人的一道心理防线，一旦被打开，欲望便会一泻千里。不少人就是因为没能把住第一次，一而再，再而三，一发不可收，最后毁掉了自己。

（2）要慎微，克服“不拘小节”的思想，虑于微、防于小，避免放任“小节”酿成“大疾”。大错误都是从小错误开始的。要学会自给自足，而不是依赖他人的施舍或馈赠来满足自己的欲望。只有这样，才能真正保持独立和自由，避免陷入不必要的困境和麻烦之中。应该时刻保持清醒和自律，坚守原则和底线，不被诱惑所动摇。

（3）要慎独，日常生活中要经常回头看一看、扪心问一问，自己从哪里来、到哪里去，我是谁、为了谁、依靠谁；平时工作中要经常想一想、复复盘，现在所做的事情、所走的路、所追求的东西，是不是违反规章制度和党纪国法。

3. 带好头，守底线

家庭、家教、家风三者有机统一、紧密关联。家庭和睦，社会才能和谐；家教良好，未来才有希望；家风纯朴，社会风气才会充满正能量。遵守社会公德、职业道德、家庭美德等方面的道德规范。

带好头，守底线要做到以下几点：

（1）严于律己，严格地约束自己，不做违法违规行为。

（2）树立正确的世界观、人生观和价值观，坚守道德底线。

（3）诚实守信，不撒谎、不作弊、不欺骗，不从事违法违规行为。

（4）尊重他人，不侮辱他人人格，不传播低俗信息等。

（5）严格遵守公序良俗和文明礼仪规范，不做有损集体形象和社会公信力的事情。

每个人必须树立知礼仪、懂廉耻、重美德、讲规矩的良好家风，让纯朴家风与优良党风同频共振，并且在严于律己、廉洁从政、奉公守法的同时，带动和影响其他家庭，起到示范表率作用。

三、养正气，寻找最美邻居

养正气是指要保持积极向上的心态和健康的身心状态，保持愉悦的情绪，避免被消极情绪影响心态和身体健康。寻找最美邻居意味着在日常生活中关注并尊重身边的邻居，发现并表扬那些具有善良品质和乐于助人精神的人。

一个有正气的人能够在邻里关系中展现出更多的友善和包容，与邻居之间建立起更加融洽的互助关系，通过自身的正能量影响和感染周围的人，激励邻里共同营造和谐的社区氛围。

与邻居建立友好关系，增进彼此之间的信任和理解，共同营造一个和谐宁静的社区环境。

1. 讲故事，强声音

中央文明委组织评选了两届共 781 户全国文明家庭；全国妇联常态化开展寻找“最美家庭”、五好家庭创建等活动，共揭晓全国最美家庭 6 808 户，推选出 539.89 万户各级各类最美家庭，累计表彰全国五好家庭 9 912 户。

扬正气，寻找最美邻居就是听榜样的故事、学榜样的精神。

（1）讲述中国“最美家庭”美德故事、“全国文明家庭”美德故事，诵读革命前辈家书、英雄人物家书，观看《中华好家风》《云岭好家风》《家道颖颖》《寻找最美邻居、最美家庭》《中国好家庭》等电视节目。

（2）关注公众号中的家庭美德学习内容，抖音、快手中的家庭美德类直播栏目，以及各大网络平台有关家庭美德类的访谈节目，积极参与移风易俗、科普宣传、道德教育等活动，以文明的行为、高尚的情操、良好的习惯做和睦邻里的推动者、促进者。树立“邻里一家亲”意识，积极参加邻里相识、相知活动，主动加强邻里交流，密切关注邻里关系。

2. 讲团结，养美德

（1）恪守邻里间的道德情操。与邻里互让互敬、互爱互助，敬老爱幼、先人后己，和气协商，保护环境，爱护公共设施，参加公益劳动，分担公益工作，一家欢乐大家欢乐，一家困难大家解忧，文明处事，礼貌待人等。

（2）培养邻里间的互助精神。与邻里团结互助、彼此关照、和睦相处，为家庭提供快乐融洽的外部环境。

（3）增强邻里间的奉献意识。无私奉献是人间最美的风景线，是最有力的支持，是点亮黑暗的明灯，是生命中最温暖的力量。关注居民群众中热心公益的好人好事，学习榜样，突出典型引领作用。

3. 讲互助，树新风

向上向善，没有行业的界定，没有能力的障碍，关键在有无此心，有无此志，肯不肯负责任。凡有此良好习惯、内外兼修，就能向上行善。弱者幼者过马路，上前去“扶一扶”；左邻右舍有矛盾，上前去“劝一劝”；看到地上有垃圾，上前去“捡一捡”；老者迷路了，上前去“指一指”……凡此种种皆为善，生活其实很简单，行善其实人人可为。

四知拒金

杨震，字伯起，号关西孔子、关西夫子、四知先生，弘农华阴（今陕西省华阴市）人，出身弘农杨氏。东汉时期名臣。

杨震五十岁开始在州郡任职，最初是由大将军邓骘选拔，因其才华出众而受到赞誉，历任荆州刺史、东莱太守、涿郡太守、太仆、太常、司徒、太尉，屡次劾奏帝乳母王圣及中常侍樊丰等弄权朝中，贪奢骄横。

杨震调任东莱太守，去上任时路过昌邑。昌邑县令王密是杨震任职荆州刺史时举荐过的官员，听说杨震路过，白天空手去见了杨震，以叙旧情。

晚上，王密特地准备了十斤金子，再次来到杨震的住处，想送给他，以报答当年的提携之情。

王密说："现在是深夜没有人知道。"

杨震说："天知、地知、我知、你知，怎么能说没有人知道呢？"

王密听后很惭愧，也更加敬佩杨震。

读后感：

____

____

____

____

公仪休拒鱼

春秋时期，鲁国国相的公仪休才学出众，为官清廉，为相期间依法办事，杜绝肆意妄为的违法行为。他下令官吏不许跟百姓争夺利益。他在任职期间，政治清明，统治稳固，深得民心。

公仪休非常爱吃鱼，几乎达到了每日无鱼不欢的地步。自从鲁国国君提拔他为国相后，很多人争着买鱼送给他，他门前每天清晨便聚满了送鱼的人，简直成了鱼市场。

公仪休将这些送鱼的人拒之门外。他的学生觉得很奇怪，问他：“既然先生这么爱吃鱼，那为何不接受别人送的鱼呢？”

公仪休说：“正因为爱吃鱼，所以我才不接受别人送的鱼。假如我接受了，办事的时候就会徇情枉法，那我就会有被革去职务的危险。到那个时候，就是我想吃鱼，这些人也不会给我送鱼了。我没了俸禄，自己又买不起鱼，那就不可能天天吃鱼了。与其这样，还不如现在不接受别人的鱼，做个廉洁奉公的好宰相。虽然不能吃别人送的鱼，但我自己的俸禄能保证我天天有鱼吃。”

学生听了恍然大悟，出门便将公仪休的话转告给当天送鱼的人们，人们只好带着鱼纷纷离开了。从此，再也没有人给他送鱼吃了。

读后感：

六尺巷

张英（1637—1708），安徽桐城人，名相张廷玉之父，清朝康熙年间任文华殿大学士、礼部尚书。

张英为人简朴、热心善良，推崇为人礼让。

张英桐城老家的家宅旁有一块空地，邻居吴氏盖房欲占张家隙地，引发了两家的争执。两家各不相让，将官司打到县衙。因吴家也是官位显赫的名门望族，县官欲偏袒相府，但又难以定夺，连称凭相爷做主。

张家人便千里传书给在京城的张英求援。收到老家人的书信后，张英写了一首诗寄回老家：“一纸书来只为墙，让他三尺又何妨。长城万里今犹在，不见当年秦始皇。”

见到回信，张家人将围墙退让了三尺。吴家见状深受感动，也让出三尺，于是，便形成了一条六尺宽的巷子。

读后感：

____

____

____

____

摘星星的妈妈

在神舟十三号飞行乘组出征的仪式上，航天员王亚平与女儿赵芸熙约定，摘星星回来给女儿。

王亚平两度飞天圆梦、三上“太空讲台”，她先后圆满完成神舟十号、神舟十三号载人飞行任务，成为中国首位进驻空间站、中国首位出舱活动的女航天员，被中共中央、国务院、中央军委授予“英雄航天员”荣誉称号。

王亚平的丈夫赵鹏曾经也是一名空军飞行员。为了做好妻子坚实的后盾，他更多地承担起照顾女儿和家庭的责任。

作为航天员的女儿，赵芸熙和妈妈聚少离多，相聚的时刻短暂而珍贵。她从来不缠着妈妈，以妈妈的职业为骄傲和自豪。想妈妈的时候，她就看看星空。每次和妈妈进行视频通话，她总会向妈妈“汇报”家里的大小事情，让妈妈放心。

2022 年 4 月 16 日，在太空“出差”183 天后，圆满完成神舟十三号载人飞行任务的王亚平平安抵达北京。

见到女儿那一刻，王亚平轻轻拥抱她并递给她一颗在太空亲手折的小星星，兑现了对女儿的承诺。

读后感：

____

____

____

____

铁路的孩子

从西南三线建设到铁路大提速再到高铁时代，中铁六局集团北京铁建公司京唐铁路燕郊站项目部党支部书记李国胜一家三代人，为铁路建设事业奉献了各自的青春和汗水。

李国胜的父亲李广田是一名老铁路工人，曾和30万筑路大军一起铺就了成昆铁路。

李国胜从父亲肩上接过沉甸甸的轨枕，怀着对铁路建设的一腔热血，先后参与了北京西站的建设与开通、2022年北京冬奥会中铁六局负责的京张铁路张家口车站项目施工建设、京唐铁路等重点工程，见证了铁路建设从人工作业到机械化再到智能化的飞跃。

李国胜的儿子李琛大学毕业后追随爷爷和父亲的脚步，成为一名铁路工程师，李国胜父子俩经常连续几个月出差在外。

李家祖孙三代筑路人，用心血践行着铁路人的初心和使命，铁路建设之家的精神在家中延续、代代相承。

读后感：

让杨柳青年画“活”起来

霍庆顺是首批中国民间文化杰出传承人，他注重年画传承，多年来不断发掘整理年画资料。

怀着对年画的向往，张宏向公公霍庆顺学艺，她痴迷钻研，成长为集勾、刻、印、绘技艺于一身的年画艺人，成为国家级非物质文化遗产项目杨柳青年画“玉成号画庄”的第七代传承人。

张宏尝试将年画与吊钱结合制成年画吊钱，把年画从纸上画到团扇上，增加实用性，丰富年画的形式。她与设计师合作“世象新语”杨柳青年画周历签，与手机厂商合作用年画设计卡通形象，制作印章、冰箱贴等文创产品。在创作虎年贺岁图时，她听从女儿的建议设计了一幅寓意着财源滚滚的“如虎添亿”。

张宏的女儿霍宇莹深受家庭熏陶，不仅以年轻人的视角给予母亲很多启发，也主动加入年画传承的行列中。她在高中毕业时亲手制作了许多年画作品赠送给师友，还将仕女图与时尚元素大胆结合，把年画绘制成卡通形象，印在帆布包、短袖上，在校园内限量发放。她立志：无论从事什么行业，都会在工作之余坚持讲好年画故事，弘扬好传统文化。

读后感：

以阅读为伴

陈静，儿童文学作家，从小喜欢阅读，后来从事文化传播工作，将读书的爱好带到家庭的建设中。

晚饭后是一家人的阅读时间。陈静会引导孩子们去思考书里描绘的世界与我们生活的星球的不同，让孩子们谈论自己的感悟心得，和孩子们一起表演绘本里的故事情节，或者两两组队进行阅读比拼。

一家人每个月无论多忙，都会约定每月甚至每周去书店或图书馆，他们把去书店或者图书馆作为家庭日，在那里各自挑选、畅读心仪的书籍，沉浸在书的海洋里，尽情地享受阅读带来的愉悦。此外，每年年初制定家庭心愿书单，是陈静全家迎接新年的一项重要仪式。

周末时，陈静会召集小区的家庭相聚在一起分享绘本故事，交流家庭教育经验，推荐并交换绘本书籍，亲子共读的场面温馨和谐。每月月初，常有家庭教育公益沙龙在陈静的工作室举行，开展阅读分享和精选书籍推荐。

陈静希望能够将多读书、读好书的家庭理念传播出去，将阅读的满足感传递给更多的家庭。

读后感：

厚德强能，青春闪耀

做任何事，只要你迈出了第一步，然后再一步步地走下去，你就会逐渐靠近你的目的地。如果你知道具体的目的地，而且向它迈出了第一步，你便走上了成功之路！

刘颖，中共党员，福建信息职业技术学院物联网与人工智能学院光电技术应用1911班学生，电子协会副会长，班级学习委员，福建省大学生自强之星、国家奖学金获得者。曾获得4次国家级奖项、1次省级奖项、10次校级荣誉、3次校特等奖学金。

穷且益坚，不坠青云之志。刘颖出身平凡，却不甘平凡。为了改善生活，减轻父母的重担，她不辞辛劳，通过兼职赚取生活费；她认真学习，用奖学金抵充学费；她拼搏向上，用比赛奖金补贴家用。她用实际行动诠释着“天道酬勤”，用铮铮铁骨书写着“女儿当自强”，用自己稚嫩的肩膀挑起了整个家庭的希望。

在2021年全国职业院校技能大赛期间，由于水土不服，在比赛开始前十分钟，她在洗手间和赛场之间来回奔跑，并忍着三个小时肠胃不适的疼痛感，靠着顽强毅力坚持比完最后一场比赛，最终夺得国赛金牌。

志之所趋，无远弗届，穷山距海，不能限也。即使生活给予她再多苦难，她也总是擎旗奋进、破浪前行。

深学笃行，重学好学乐学。刘颖知道，要想扭转家庭困境，读书是唯一的出路。因此，她刻苦钻研科学文化知识，时刻秉持虚心求救的学习态度，专业能力水平得到了任教老师及同学们的广泛认可与好评。她不断给自己制定目标，画出一道又一道的起跑线，并奋勇冲过每道终点线。积极的学习态度，使她连续两年的学习绩点和专业成绩保持第一，被评为校优秀共青团员、校三好学生，获校级特等奖学金三次。

赋能升级，传承工匠精神。2019年，她加入通信技术专业集训室，每天早上八点到晚上十一点进行系统学习。经过为期半年的辛苦准备，她所在的团队从省赛中脱颖而出，获得福建省职业院校技能大赛4G全网建设技术赛项一等奖。

2021年国赛现场，她克服重重困难，与全国28所代表本省最高水平的顶尖院校选手同台竞技，充分发挥扎实的专业能力和职业素养，表现出良好的竞技状态，最终取得该赛项的金牌，成为真正的“追风者”。

绽放青春，志愿温暖同行。刘颖秉持“奉献、友爱、互助、提高”的志愿服务精神，积极参加校党员先锋队志愿者活动。2020年7月，作为家乡疫情防控志愿者，挺身而出，积极投身阻击疫情工作，以青春之名担当奉献；参加2020年福建省职业院校技能大赛、校内外义务维修等志愿服务活动十余次，用志愿精神书写青春华章；参加2021年暑期“三下乡”社会实践活动，宣讲百年党史，学习革命精神，赓续红色血脉，以实际行动做好事，以青春之力投身乡村振兴。

读后感：

____

____

____

____

锐意进取敢为先，商海搏击展宏图

我是一个地地道道的农家子弟。

坚持技术创新，掌握核心技术，还要通过机制、制度和管理创新，才能产生最好的结果。

关爱员工，不是恩赐，而是义务，善待员工，就是善待企业。

林本栋，清华大学EMBA、福建教育学院、福建工业学校优秀校友，福州富得巴精密机械有限公司法定代表人、福建富得巴机电实业有限公司创始人、董事长，福建福模精密技术有限公司法定代表人、董事长，福州金匙铸造有限公司股东，福建省模具协会理事，福建工业学校机械专业教学指导委员会委员。

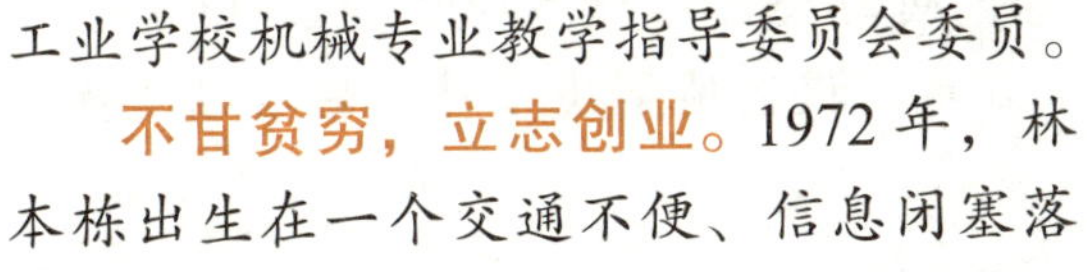

不甘贫穷，立志创业。1972年，林本栋出生在一个交通不便、信息闭塞落后的乡镇。1988年从福建第五工业学校毕业后，被分配到空军福州军械雷达修理厂，3年后便从基层岗位提拔到了管理岗位，后来又被调往深圳开拓市场，在深圳打拼。林本栋决定勇敢地遵从自己内心的声音——创业。2005年，他成立了福建富得巴实业有限公司，正式开始了创业征程。经过九年的艰苦创业，通过抢抓机遇、开拓市场，企业得到不断发展和壮大，并走向世界。

搏击商海，诚信创业。富得巴实业有限公司从创业之初，就确立了“匠心制造、服务全球”的宗旨，在这一目标的前提下，公司努力向智能化迈进。为此，公司不断创新模式和相适应的创新机制，建立起三个目标层次的生产体系，第一个层次是革新生产工具；第二个层次是面向企业内部优化工艺过程，精化制造技术；第三个层次是面向市场和客户，最大限度满足用户的要求。在他的带领下，公司管理能力和水平不断提升，为公司成为电机零部件、汽车零部件及OA办公设备零部件的优质供货商奠定了坚实基础。近年来，公司产品已成功配发利莱森玛、日立等专业集团客户。从福州的小工厂到连江东湖工业园的AAA级供应商，跻身为中国机电实业产业链的重要一环。

同心共享，成就分享。林本栋一直认为员工是创造企业财富的宝贵资源，用情感留住人，用机制激励人，才是企业吸引、留住优秀人才的前提。他始终坚持“同心共享，成就分享”的理念，探索形成股东按效益分红、岗位薪酬、员工按件按质计酬等各项激励机制，调动了公司员工的智慧和积极性。在保证职工工资持续增长的同时，为了更好地帮助员工解决购车、体检等方面的需求，公司不断完善福利体系建设，在薪酬待遇、生活保障、休息休假、照顾帮扶等方面，坚决落实好相关保障政策措施，同时，为更好解决员工购房需求，联系建发集团，为员工争取到了购房优惠，同时公司给予5 000～20 000元的补贴，累计发放贷款几十万元，极大地解决了员工的后顾之忧。

读后感：

____

____

____

____

追光前行　辉映青春

知不足而奋进，望远山而前行。时刻保持一颗清醒的头脑，去发掘自己的潜力，保持自己的节奏，脚踏实地地完成每一项计划。每个人都有自己的时区，不要焦虑，想做什么就勇敢去做。

李罗龙，男，中共党员，现就职于泉州纺织服装职业学院，担任专职思政辅导员。在福建经济学校就读期间，李罗龙历任班长、青年志愿者协会会长、校学生会主席，获评校三好学生、校优秀毕业生、福建省优秀共青团员，获学院疫情防控先进个人称号，参加支教服务，是全国大学生优秀志愿者之一，专业成绩排名第一，获学院奖学金和全国大学生广告艺术大赛二等奖。

遇见光：有幸被照亮。2016年，李罗龙考入福建经济学校，怀揣着热诚，积极参与各学生组织，主持各种活动，并在学业中找到了平衡。他以开放的心态生活，以好奇的心态学习，以包容的心态工作。从找不到方向的新手到“福建省优秀共青团员”，从班长到校学生会主席，从不理解专业术语到站在省直机关经典诵读的舞台上……他一路成长和蜕变。他坦言：“很感谢一路上遇到的很多优秀的老师和同学，福建经济学校的氛围给了我踏实追梦的广阔天地，也让我遇见了照亮我人生的那道光，我也希望自己能有与之并肩的力量，不断激励着我前行。”

追随光：探索更多可能。李罗龙始终把学习当作第一要务，勤奋刻苦，脚踏实地，日复一日的自律与脚踏实地的行动，在校期间综合成绩专业排名第一。

学习之余，李罗龙不断探索尝试更多领域，在实践中追寻知行合一。在校期间，他积极组织开展团委、学生会的各项活动，志愿服务、迎新晚会、表彰大会、艺术进校园，从策划班级团日活动到组织五四表彰大会、迎新晚会、十佳歌手等各类大型活动，从上海真爱梦想公益基金会实践到福建省直机关团工委实习，从数字中国建设峰会的志愿者到社区的公益践行者……李罗龙在不同领域的探索中，也带领身边同学遇见光，追随光。

成为光：传递光芒。经过福建经济学校3年的历练与沉淀，李罗龙跨越了成人礼，终于成为他想成为的样子。他曾是福建省直学校青马工程培训班的优秀学员，他的名字也出现在各类比赛的获奖名单上。2023年，他受邀返回福建经济学校作为校友代表发言，他对学弟学妹们说："学习生活充满机遇与挑战，不要因为这段旅程刚刚开始就心有懈怠，也不要因为所剩无几就自暴自弃，要专注、高效、认真地进行学习，要相信，我们的轻舟终会驶过万重山，前路漫漫亦灿灿！"2024年，李罗龙荣获泉州纺织服装职业学院第2届辅导员素质能力大赛一等奖。作为思政一线的大学教师，他始终和学生站在一起，始终坚持立德树人的初心使命，在学生成长的过程中扮演好"领航人""知心人""铺路人""筑梦人"等角色，带领学生向着未来快乐启航！

读后感：

____

____

____

____

书山有路勤为径，学海无涯苦作舟

母亲在哪里，家就在哪里。

王林慧，女，福建医科大学附属第一医院护士，中共预备党员。曾获得第八届福建省道德模范、2020年度“中国大学生自强之星”、2020至2021学年国家励志奖学金、2022年第四季度“中国好人”、2022年第三季度“福建好人”、第六届宁德市道德模范、第三届宁德市“尊老孝亲”美德少年、宁德市“向上向善好青年”、宁德市第三届留守流动儿童“自强之星”等。

自幼扛起家庭重担。王林慧一岁时，母亲林细碧就因类风湿性关节炎导致手脚畸形，瘫痪在床，失去了生活自理能力。王林慧9岁时，父亲也不幸患病。年幼的林慧开始学习买菜、做饭、照顾母亲。11岁时，父亲要长期在医院接受治疗，家庭的重担就落在了王林慧一个人的肩上。王林慧一边照顾家庭，一边学习，一家人仅靠国家补助及社会各界爱心人士提供的救济为生。

初中毕业后，她的成绩原本可以上一所不错的高中，为了更好地照顾父母，她选择了闽东卫生学校就读护理专业。

带母求学自强不息。王林慧学习勤奋努力，成绩优异，在闽东卫生学校就读的三年期间，连年获得奖学金并评为“三好学生”，并于2019年通过了护士执业资格证书考试。

在福建卫生职业技术学院就读时，王林慧在学校附近租了一间十几平方米的小屋，带着母亲从福安前往闽侯上学，每天在学校与出租屋之间来回奔波。她为自己拟订了一份精准的时间表，每天早早起床，给母亲穿衣梳头、洗脸刷牙、喂药吃饭。放学从学校食堂打了饭，匆匆赶回家，陪母亲一起吃饭，再给她按摩。见缝插针钻研专业知识，规划学习生活。在校期间，如果没有特殊情况，她几乎不会缺课。同时，她积极参加学校组织的活动，不断提升自身综合素质，在课余时间积极阅读书籍，扩大自己的知识面，不断充实自己。为了节省家里的开支，减轻家庭的经济负担，王林慧参加了学校的勤工俭学，丰富自己的阅历，提高自己的实践能力。

王林慧年年都拿奖学金。做到了学习、孝亲两不误。

心怀感恩回馈社会。学校为王林慧的学习及生活提供了许多帮扶和指导。学校党委书记、校长、系领导、教师们时常去到王林慧家里慰问，看到家里缺什么，还会自费为她添置。党和政府还有社会各界爱心人士的关爱，也温暖着王林慧。

儿时在敬老院，王林慧便主动帮助院里打扫卫生，力所能及地帮助院里需要帮助的老人；长大后，她在空余时间积极参与志愿服务活动，尽力帮助他人，服务社会，传递温暖。疫情防控期间，她积极参与各项防控工作，奋战在抗疫一线。

2022 年 7 月，王林慧考进了福建医科大学附属第一医院，成为一名临床护理工作者，在照顾好母亲的同时，做好本职工作，始终坚持人民至上，生命至上，为患者提供优质的服务。

读后感：

____

____

____

____

不忘初心，牢记使命

可以不优秀，但是不能不努力！

张云锋，男，中共党员，福建理工学校2020届机械机电专业的毕业生，现就读于福建技术师范学院计算机科学与技术（师范）专业，担任学院党建联系人、自动化创新社团社长。先后获得两次国家奖学金、3次国家级奖项、4次省级奖项、11次校级荣誉、4次校特等奖学金。

中考失利，重启未来。面对中考的失利，张云锋迅速调整心态，将中考的结果作为一次宝贵的经验而非终点，从失败中总结经验，重新规划未来，选择进入了福建理工学校就读，入校以后，他积极进取，勤奋学习，担任班长，加入校学生会体育部，工作认真负责，扎实肯干，以身作则，模范带头，带领同学共同进步，各方面表现突出，在福建理工学校就读期间，每个学期均获得校一等奖学金，连续两年获得校“三好学生”荣誉称号。他一直朝着自己设定的目标努力奋斗，从福建理工学校毕业后升入福建信息职业技术学院，继续朝自己的目标迈进。

张云锋在学习上、工作上、生活思想上都严格要求自己，努力做一个积极上进的人。他思想上进、行动积极，升入福建信息职业技术学院，大一期间就向学校提交了入党申请书。

坚持不懈，自强不息。通过努力，张云峰高职在校期间，每个学期的专业排名均为第一。在努力的过程中，有低落消沉的时候，但在他看来，那只是前进路上的小插曲，为了前方美好的风景，他以专业知识充实自我，并不断提升自我道德、文化修养，积极参加志愿服务，争做一名德、智、体、美、劳全面发展的大学生。通过参加各类比赛锻炼实践能力，在充实自己的过程中不断地成长。在校期间获得两次国家奖学金，三次在国赛中获奖，四次省赛获奖，在比赛前他刻苦训练，付出了很多时间和精力，通过坚持不懈的努力，最终因为竞赛成绩优异保送本科，升入福建技术师范学院。

努力作浆，技能塑才。张云锋始终坚持努力学习技术技能，展现新时代技能人才风采。他一直怀着感恩之心，感谢学习生涯中所有学校、教师对他的悉心培养，也感谢鼓励和互帮互助的同学们，但他知道这点成绩还是远远不够的。他表示会更加努力地学习与工作，相信努力奋斗的意义，相信天助自助者，相信坚持一定会有更加美好的未来。

读后感：

____

____

____

____

建设好家庭，塑造好家教，践行好家训，传承好家风。

参考文献

[1] 孙明奇，王运萍．重家教 立家规 传家训 正家风［M］．北京：人民日报出版社，2023.
[2] 王俊．中国古代家风［M］．北京：中国商业出版社，2023.
[3] 李存山．家风十章［M］．南宁：广西人民出版社，2016.
[4] 赵文彤．中国历代家风家训大全［M］．北京：中国华侨出版社，2017.
[5] 李楠．中国古代家训［M］．北京：中国商业出版社，2023.
[6] 王人恩．古代经典家训导读［M］．北京：人民教育出版社，2021.
[7] 田树涛．家风是最好的教育［M］．呼和浩特：内蒙古人民出版社，2020．
[8] 杨威．以德齐家：新时代家训家风研究［M］．北京：人民日报出版社，2020．
[9] 曾仕强．中国式家风［M］．北京：北京时代华文书局，2020．
[10] 左岸．名家家风［M］．北京：中国华侨出版社，2024．
[11] 承之．传家宝：中国人的家教智慧［M］．北京：中国华侨出版社，2021．